"*Tempo de Confiança* reúne todas as características que já esperamos do autor: sua invejável compreensão da história, sua perspicácia em analisar nossa cultura, a profunda percepção de que a Palavra de Deus não perdeu nada de seu antigo poder. Em meio ao que parece ser o movimento das placas tectônicas da sociedade ocidental e diante do risco de desanimar, queremos ter Stephen Nichols por perto, a fim de nos mostrar um lugar seguro para permanecermos de pé. Mas ele faz mais do que isso ao longo do livro. Longe de permitir que entremos em desespero, Nichols mostra que o evangelho oferece muito mais razões para a confiança do que para o desespero. Este livro é um antídoto para os desafios de nosso tempo."

– Sinclair B. Ferguson
Acadêmico do Ministério Ligonier

"Os cristãos estão vivendo em uma das épocas mais complexas da história humana. Nossa cultura se encontra bem no meio de uma revolução moral e intelectual, cuja velocidade não encontra precedentes na história humana. O raciocínio lógico, que era o fundamento da civilização ocidental, está sendo subvertido, e aqueles que se destacavam como as vozes da clareza moral agora estão condenados ao ostracismo como "foras da lei" intelectuais que se encontram no lado errado da história. Mas, como Stephen Nichols deixa bem claro neste livro, não é o momento de entrar em pânico. *Tempo de confiança* é um aviso necessário de que, em meio à revolução cultural, os cristãos podem confiar em que nosso Deus soberano ainda reina sobre a história humana. De fato, os cristãos podem es-

tar confiantes de que, um dia, a Igreja militante será a Igreja triunfante. Se você está confuso diante da oposição cultural, deixe este livro incentivá-lo a ter mais fé e confiança no Cristo que vive e reina."
— R. Albert Mohler Jr.
Presidente do *Southern Baptist Theological Seminary*
Louisville, Kentucky

STEPHEN NICHOLS

TEMPO DE CONFIANÇA
CONFIANDO EM DEUS EM UMA SOCIEDADE PÓS CRISTÃ

N622t Nichols, Stephen J., 1970-
Tempo de Confiança: Confriando em Deus em uma sociedade pós-cristã / Stephen Nichols ; [tradução: Francisco Brito]. – São José dos Campos, SP : Fiel, 2018.

159 p.
Tradução de: A time for confidence : trusting God in a post-christian society.
  Subtítulo retirado da capa.
  Inclui referências bibliográficas.
  ISBN 9788581325293

1. Confiança em Deus – Cristianismo. 2. Fé. 3. Cristianismo e cultura. I. Título.

CDD: 261

Catalogação na publicação: Mariana C. de Melo Pedrosa – CRB07/6477

TEMPO DE CONFIANÇA: Confriando em Deus em uma sociedade pós-cristã
traduzido do original em inglês:
A Time for Confidence:
Trusting God in a Post-Christian Society

Copyright © 2016 by Stephen J. Nichols

∎

Publicado por Reformation Trust Publishing,
uma divisão de Ligonier Ministries
421 Ligonier Court, Sanford, FL 32771

Copyright © 2018 Editora Fiel
Primeira edição em português: 2018

Todos os direitos em língua portuguesa reservados por Editora Fiel da Missão Evangélica Literária
PROIBIDA A REPRODUÇÃO DESTE LIVRO POR QUAISQUER MEIOS SEM A PERMISSÃO ESCRITA DOS EDITORES, SALVO EM BREVES CITAÇÕES, COM INDICAÇÃO DA FONTE.

∎

Diretor: James Richard Denham III
Editor: Tiago J. Santos Filho
Tradução: Francisco Brito
Revisão: Shirley Lima
Diagramação: Rubner Durais
Capa: Rubner Durais
ISBN: 978-85-8132-529-3

FIEL Editora

Caixa Postal 1601
CEP: 12230-971
São José dos Campos, SP
PABX: (12) 3919-9999
www.editorafiel.com.br

SUMÁRIO

Capítulo 1
Um Tempo para a CONFIANÇA..........................9

Capítulo 2
CONFIANÇA em Deus 29

Capítulo 3
CONFIANÇA na Bíblia..53

Capítulo 4
CONFIANÇA em Cristo 79

Capítulo 5
CONFIANÇA no Evangelho...............................107

Capítulo 6
CONFIANÇA na Esperança 133

"Ainda que um exército se acampe contra mim, não se atemorizará o meu coração; e, se estourar contra mim a guerra, ainda assim terei confiança" (Salmos 27.3).

CAPÍTULO UM

UM TEMPO PARA A CONFIANÇA

Um dia de maio de 1995 mudou a vida de Henry Wanyoike para sempre. Ele tinha 21 anos e, como muitos outros quenianos, sonhava em deixar sua marca como corredor de longa distância e se tornar herói nacional. Ele era capaz correr cinco mil metros em 13min50s. É uma diferença inferior a dez segundos em relação ao medalhista de ouro dos Jogos Olímpicos de 2012. Corredores de longa distância só chegam ao auge da carreira no final da casa dos 20, 30 ou até 40 anos de idade. Aos 21, Wanyoike parecia ter um futuro brilhante como um dos grandes astros da corrida no Quênia. Mas, naquele dia, ele teve um derrame e ficou cego.

Deprimido e desiludido, Wanyoike passou alguns anos desnorteado. Ele era uma alma perdida. Ele frequentou uma escola para cegos em Machakos, no Quênia. Um administrador da escola, sabendo de seu passado como corredor e de sua então turbulenta situação, sugeriu que Wanyoike voltasse a correr. Dentro de poucos anos, Wanyoike já era recordista mundial nos Jogos Paralímpicos e no Campeonato Mundial nas competições de 5 mil e 10 mil metros.

Em 2005, ele teve um desempenho fenomenal em diversas maratonas consecutivas. Depois de percorrer mais de 42 km nas ruas de Londres, ele bateu o recorde mundial ao terminar com o tempo de 2:31:31. Mas ele não teve muito tempo para comemorar — ou se recuperar. Sete dias depois, ele bateu o próprio recorde na Maratona de Hamburgo, na Alemanha.

Posteriormente, ele exerceu um cargo político e estabeleceu uma fundação para pessoas portadoras de necessidades especiais no Quênia. Ele trabalhou praticamente sozinho para conscientizar seu país sobre as condições dessas pessoas e ajudou muitas delas, anteriormente marginalizadas, a encontrar um lugar no qual poderiam ser úteis. Ele também continua a treinar e tem como objetivo bater o próprio recorde. Em uma nação de astros-corredores, Wanyoike assumiu posição proeminente.

A revista *Runner's World* deu destaque à história de vida de Henry Wanyoike, denominando-o como visionário. Quando ele começou a correr, depois de seu derrame, costumava tropeçar e caía muito — mesmo com guias para ajudá-lo. Sem a capacidade de enxergar, ele tinha medo. Mas logo aprendeu que existe algo muito melhor do que a capacidade de enxergar. Michelle Hamilton, referindo-se a algo que Wanyoike havia falado, disse o seguinte. "A visão, como Wanyoike gosta de dizer, é algo mais poderoso do que a capacidade de enxergar".[1]

O que precisamos hoje, mais do que a capacidade de enxergar, é de visão. Em nossos dias, enxergar facilmente conduz ao

---

1 Michelle Hamilton, "The Visionary. Henry Wanyoike", *Runner's World*, jan.-fev. de 2015, 78-79.

medo. Na verdade, foi assim ao longo da maior parte da história. Uma das coisas que separavam os profetas de Israel do povo de Israel era a diferença entre a capacidade de enxergar e a visão. O povo enxergava o que era temporal e era incapaz de ir além do que estava bem diante de seus olhos. Deus concedia aos profetas a visão do eterno, que ultrapassava e ofuscava o temporal.

Onde o povo de Israel enxergava problemas, os profetas de Israel viam Deus e suas promessas. Onde o povo enxergava a tentação e a sedução, os profetas viam o chamado de Deus à pureza e à obediência. Onde o povo confundia as sombras com a realidade eterna e duradoura, os profetas viam o que estava além das sombras e olhavam diretamente para a realidade.

Se enxergarmos somente o que está diante de nossos olhos, facilmente recuaremos cheios de medo ou, até pior, nos desviaremos de nosso primeiro amor. As aparências podem desviar-nos. O livro de Provérbios apresenta relatos vívidos da destruição que acontece quando somos enganados pelo que vemos. Enxergar pode nos levar à ruína. Em vez disso, precisamos cultivar nossa visão.

A visão levou Wanyoike a fazer a diferença para seus compatriotas quenianos portadores de necessidades especiais e também o levou a bater recordes mundiais. A visão leva a realizações. Com frequência, enxergar nos impede até mesmo de chegar ao ponto de largada. Wanyoike perdeu a capacidade de enxergar, mas ganhou visão. Enxergar muitas vezes nos tira do caminho; a visão nos faz prosseguir rumo ao alvo.

Hoje, precisamos ter visão. Não podemos ser derrubados ou ficar chateados e desiludidos com o que enxergamos. Este é um tempo para estarmos confiantes.

RECUAR, RENDER-SE OU DESISTIR

Não é hora de recuar. A tentação para recuar é grande, especialmente quando estamos muito ocupados enxergando e não temos visão. Para que seus posicionamentos sejam aceitos, defensores da agenda homossexual e os chamados *gender-benders* têm feito muita pressão através dos tribunais, do Poder Legislativo e dos meios de comunicação em massa. A velocidade com que a opinião pública e a política social deram uma guinada de 180° nessas questões não tem precedentes. Estamos recebendo chicotadas culturais.

Nem mesmo os comerciais de TV estão seguros. Uma propaganda de 2015 do iogurte Chobani mostrava uma mulher saboreando um iogurte na cama depois de acordar. Antes de levantar e se enrolar no lençol, ela passa o dedo no pé de outra pessoa que está na cama com ela. Antes de a propaganda terminar, vemos que essa outra pessoa é uma mulher. Em outra propaganda, a Wells Fargo, alegremente, empresta dinheiro a duas mamães que estão adotando uma criança. Isso não é nada menos do que uma tentativa de normalizar uma perspectiva que antes era culturalmente marginalizada.

O rap de 2012 "Same Love", de Macklemore e Ryan Lewis, normalizou os relacionamentos homossexuais nesse gênero musical. A música de Kacey Musgraves "Follow Your Arrow" traz uma letra que exalta os relacionamentos homossexuais no bastião de Deus e dos valores tradicionais: a música country. Em 2014, foi premiada como a melhor música country do ano na *Country Music Awards*. Uma manchete dizia: "Uma canção que fala sobre amar os gays e fumar maconha acaba de ser premiada como a melhor música country do ano".

Anthony Kennedy, juiz da Suprema Corte dos Estados Unidos, vociferou que o casamento gay tem um propósito nobre. Com um argumento baseado na noção de "dignidade", ele se mostrou chocado com a estreiteza de qualquer opinião que se posicione contra o reconhecimento do casamento gay. O novo argumento jurídico é que ser pró-gay significa ser a favor da dignidade humana. Infelizmente, os juízes da Suprema Corte dos Estados Unidos também praticam aquilo sobre o qual julgam. Em 2013, a juíza Ruth Bader Ginsburg e a juíza aposentada Sandra Day O'Connor realizaram diferentes cerimônias de casamento gay no próprio edifício da Suprema Corte dos Estados Unidos.

UM TEMPO DE MUDANÇA

As mudanças são rápidas e sistêmicas, e podem levar a um sentimento de completa desorientação. Relacionamentos homossexuais são normalizados. É o assunto de propagandas, da música rap, da música country e de decisões e cerimônias da Suprema Corte americana. O exercício de poder para impor essa agenda praticamente não tem precedentes na história americana. Este poderia ser um momento para se acovardar. Mas não é.

Não é hora de se render. David Gushee, teólogo batista do sul e especialista em assuntos éticos, certa vez escreveu contra a homossexualidade. Depois ele mudou de ideia. O escritor e pastor progressista Brian MacLaren mudou de ideia. Rob Bell se curvou diante do ídolo Oprah. Ele disse, em rede nacional, em um programa da Oprah, "Super Soul Sunday": "Creio que a cultura já chegou lá e a Igreja continuará a ser ainda mais irrelevante se continuar a citar palavras de dois mil anos atrás como sua melhor defesa".

Está na hora de a Igreja se atualizar, declara Bell. Para avançar, precisamos tirar os olhos das palavras antigas. Em vez de olhar para as páginas empoeiradas da Bíblia, precisamos olhar "para as pessoas de carne e osso que estão bem na sua frente [...] que amam umas às outras e simplesmente querem passar a vida com alguém".[2]

Ignore a Bíblia. Ela é irrelevante para o século XXI. Renda-se à cultura, às normas culturais e à pressão cultural. A cultura já chegou lá. Vamos nos atualizar. Essa é a mensagem de Bell e de outros que, infelizmente, tem crescido em número. Bell só é capaz de enxergar a superfície. A cultura atual está bloqueando sua visão.

Esses são somente indivíduos. Há denominações protestantes e instituições cristãs inteiras que decidiram colocar a cultura acima da Palavra de Deus. Importam-se mais com o ritmo de nossa época do que com as próprias palavras de Deus. E, quando vemos tanta gente mudando de opinião, pode parecer que é hora de se render. Mas não é.

Não é hora de desistir. No contexto atual da América do Norte, somos muito mais expostos aos seguidores de outras religiões do que em qualquer outro período de nossa história. Quando os fundadores dos Estados Unidos falavam sobre liberdade religiosa, estavam falando principalmente de protestantes, de alguns católicos romanos e de alguns judeus. O islamismo estava a um oceano de distância. Religiões orientais estavam ainda mais longe. Considere a grande quantidade de religiões hoje presentes em qualquer bairro residencial. O que significa viver em uma sociedade religiosamente plural?

---

2 Rob Bell, "Super Soul Sunday", *Oprah Winfrey Network*, 15 fev. 2015.

Há uma voz muito alta que nos diz que significa *tolerância*, e que a tolerância significa, acima de tudo, que não há espaço para uma visão exclusiva. Como é possível ser amigável com seus vizinhos e, ao mesmo tempo, pensar que seu vizinho sincero e amável que segue uma religião diferente está a caminho do inferno? Este é o tempo do pluralismo, dizem-nos.

Somado a isso, também nos dizem que a verdade é um conceito bastante elástico. Melhor escrever com letra minúscula e no plural do que com letra maiúscula e no singular — ou seja, é melhor falar sobre *verdades* do que sobre *a Verdade*. A própria realidade é tratada como incerta. Hoje, para muitos, seja por causa do pós-modernismo, seja por causa da investida de todas as coisas "virtuais", a realidade é vista como uma construção pessoal. Eu crio e moldo a realidade, e estou no centro da realidade que eu moldei. Não há leis, não há fatos óbvios, não há absolutos. A verdade e a realidade são construções sociais ou individuais.

Por ocasião da decisão da Suprema Corte dos Estados Unidos em 2015, no caso Obergefell *versus* Hodges, que legalizou o casamento homossexual em todo o país, muitos especialistas destacaram que os juízes seguiram a opinião pública, e não tanto as diretrizes legais. Eles decidiram com base na onda de mudanças da opinião pública. Um juiz dissidente chamou a linguagem do juiz Kennedy em sua argumentação de "biscoito da sorte".[3] A opinião pública superou o Estado de direito. O sentimentalismo superou a argumentação jurídica.

---

3 Antonin Scalia, Opinião Dissidente, *Obergefell v. Hodges*, 26 jun. 2015. A citação completa é: "A Suprema Corte dos Estados Unidos decaiu do pensamento jurídico disciplinado de John Marshall e Joseph Story para os aforismos místicos dos biscoitos da sorte".

As implicações sociais disso são inacreditáveis. O casamento é qualquer coisa que queremos que seja. A vida humana é definida da maneira como desejamos defini-la. Agora, gênero é um alvo em movimento. Nós mergulhamos em um redemoinho de relativismo e estamos descendo pelo ralo.

De que maneira a ideia de verdade, a verdade como uma realidade absoluta e objetiva, pode perfurar essa nova cosmovisão?

Vamos colocar a questão de outra forma. Para aqueles que foram moldados pelo pluralismo e pelo pós-modernismo, os defensores da *Verdade* parecem alienígenas do espaço. Ou melhor, parecem reminiscências da Idade Média. Os defensores da verdade são considerados perigosos em nosso novo ambiente cultural.

Pode parecer que é hora de desistir. Mas não é.

UM TEMPO DE CONFUSÃO

Fazia anos que eu não usava meu aparelho GPS. Como a maioria das pessoas, passei a usar somente meu celular. Mas, em determinada viagem, por uma questão meramente nostálgica, levei meu antigo aparelho GPS. Encontrei-o guardado em um armário, tirei a poeira e liguei-o no acendedor de cigarro do carro. O problema foi que ele nunca havia sido atualizado. Nem uma única vez desde que o comprei. O mapa mostrava grandes áreas verdes em lugares que agora tinham rodovias. O aparelho estava confuso. Eu estava confuso.

Da mesma forma, em meio às rápidas mudanças em nossa sociedade, estamos passando por novas rodovias em terrenos desconhecidos. Alguns limites foram ultrapassados. Fronteiras claras foram apagadas. E isso é suficiente para deixar até mesmo o observador casual coçando a cabeça, perplexo. É possível sentir que vivemos em um mundo inteiramente novo e completamente estranho.

Confusão significa desorientação. Faz com que as pessoas deixem de pensar com clareza. A confusão pode até vir a causar uma enfermidade. Esse estado de confusão gera tumulto e caos. Deixa a vítima debilitada.

Outra nuance para a palavra *confusão* diz respeito à incerteza. A incerteza pode resultar da falta de compreensão ou da incapacidade de analisar dados e informações. Essa incerteza pode ser debilitante. Considere um exército — ele planeja e avança com base na clareza do objetivo e da missão e também com base no grau de certeza do serviço de inteligência. Especialistas reúnem, interpretam e transmitem informações. Comandantes analisam tudo, valendo-se de sua sabedoria e experiência coletiva; em seguida, elaboram uma estratégia e emitem uma ordem. Soldados, treinados e preparados, entram em ação. Do princípio ao fim, o exército, para avançar, precisa de uma certeza e de uma clareza formidável. Um exército confuso é um exército derrotado.

Nós percebemos a confusão do tempo em que vivemos, a confusão de categorias. Os sociólogos adotaram a expressão "confusão cultural". A ideia é que se perdeu o consenso e, não havendo mais consenso, não há mais ética pública, civilidade pública ou virtude pública. Tornamo-nos incapazes de discernir entre o certo e o errado — às vezes, até penalizamos o certo. Estamos imersos no mar da incerteza moral e da ética relativista. E talvez essa seja uma descrição generosa, pois até os mares têm limites.

Pode ser dito que nós perdemos a bússola moral. E, sem essa bússola moral, estamos desnorteados, desorientados e confusos.

Como devemos responder? Como devemos entender a missão da Igreja no atual momento cultural?

CHICKEN LITTLE MORA AQUI

Suponho que muitos seguiram o caminho de Chicken Little. Lembra-se dele?

Nas versões britânicas da história, o personagem principal chama-se Henny Penn. Uma bolota cai na cabeça de Henny Penn (ou Chicken Little). Temos a impressão de que esse galinho se impressiona com facilidade. Imediatamente, Chicken Little pensa que caiu um pedaço do céu. Depois, esse breve pensamento é arrastado para sua conclusão "lógica". Então, Chicken Little começa a anunciar aos quatro ventos que o céu está caindo. O mundo está prestes a acabar.

Jerônimo era um pouco parecido com Chicken Little. Jerônimo foi um erudito e pai da Igreja do final do século IV e início do século V. Jerônimo (que é uma abreviação de Eusebius Sophronius Hieronymus) nasceu em 347 d.C., na província romana da Dalmácia, que atualmente é onde fica a Eslovênia. Em sua juventude, ele mostrou brilhantismo e, por isso, foi enviado para estudar em Roma. Seu amor pelos estudos, sem contar a onda de escândalos, o levou para as antigas bibliotecas de Alexandria e Cesareia. Ele é mais conhecido por sua tradução da Bíblia para o latim, chamada Vulgata.

Ele passou o último ano de sua vida perto de Belém e morreu em uma caverna.

Quando a notícia do saque de Roma pelos visigodos chegou a Jerônimo, ele agiu como Chicken Little. Jerônimo ficou sabendo que, em meio ao caos do saque de Roma, Marcella, uma mulher piedosa e famosa que ele conhecia, acabou morrendo. Jerônimo entendeu que sua morte era um presságio de coisas piores que estavam prestes a acontecer. Ele entendeu que a morte de Marcella era um sinal da morte de Roma. E Jerônimo entendeu que a morte de Roma era um sinal do fim do mundo. A vida como ele conhecia estava desmoronando. Então, ele começou a enviar cartas aos seus amigos avisando-os de que o fim estava próximo. Em uma dessas missivas, ele lamentou: "Minha voz está presa na garganta, os soluços interceptam-me as palavras na hora de ditar. Foi conquistada a Cidade que conquistou o mundo inteiro".[4] Em outra carta, ele escreveu: "O mundo está naufragando. Sim!". O céu estava caindo.

Para ser justo, os séculos posteriores ao saque de Roma foram sombrios. Contudo, os séculos sob Roma também não eram tão excelentes assim. E o mais importante foi que o mundo sobreviveu ao saque de Roma; sobreviveu até a Idade Média. O céu não havia realmente caído.

O medo de Jerônimo de que o mundo tivesse chegado ao fim era ironicamente míope. Suas obras sobreviveram e fizeram sucesso ao longo dos séculos. A *Vulgata* de Jerônimo sobreviveu. Aliás, ela prevaleceu por onze séculos completos, até ser superada por textos em grego e por traduções para os idiomas correntes, como o alemão e o inglês, no tempo da Reforma. A análise de Jerônimo sobre o que ele viu acontecer estava muito longe da realidade. Ele julgou mal.

Compreendemos quanto é fácil fazer o papel de Chicken Little atualmente. Talvez sejamos tentados a dizer: "O mundo

---

4 Jerônimo, Epístola 127, "A Principia" (412), *Os Pais da Igreja*.

está naufragando". A Suprema Corte está contra nós. O que podemos fazer? Será que devemos nos esconder em uma caverna? Essa não é uma resposta saudável. Não podemos nos dar o luxo de ser Chicken Littles nos dias de hoje.

FALTA DE CONFIANÇA

Eu tinha um treinador de natação que não falava muito. Ele observava. Ele observava com cuidado e constância. Nas poucas vezes em que ele falava, suas palavras acertavam em cheio. Os sábios entre nós escutavam suas raras e preciosas palavras.

Em um treinamento, eu estava tendo muito dificuldade para fazer a virada. Eu me deslocava até a bandeira, nadava até a parede e tentava fazer a virada. Muitas, muitas tentativas depois, eu ainda não estava conseguindo. Então, parei para descansar. Encostado na parede, eu estava recuperando o fôlego e tentando descobrir o que estava errado. Meu treinador tinha uma prancha nas mãos, uma ferramenta constante. Enquanto eu estava encostado na parede, senti que ele encostou (gentilmente) a prancha na minha cabeça. Ele conseguiu a minha atenção. Então, olhei para meu treinador com meus óculos de natação e ele me disse cinco palavras: "Você precisa ser mais confiante".

Três palavras passaram pela minha mente: "Você está certo".

Tenho um amigo que se lembra de ter ouvido as mesmas palavras de seu pai. Certa vez, meu amigo chamou uma moça para sair. Ela não quis. Ele contou ao pai. Seu pai estava pronto para dizer alguma coisa quando o filho o interrompeu e disse: "Eu sei, eu sei. Você vai dizer que preciso ser mais confiante". O pai respondeu: "Bem, creio que isso também é verdade. Mas o que eu ia dizer é que você precisa de um carro".

Não estamos falando apenas de falta de confiança, mas também de confiança inapropriada. Em outras palavras, tendemos a colocar nossa confiança nas coisas erradas e nos lugares errados.

Uma falsa confiança, uma confiança nas coisas erradas, é verdadeiramente mortal.

Talvez Jerônimo tivesse colocado sua confiança nas coisas erradas. Qualquer cristão que vivesse depois do ano de 312 d.C. tinha razões para ver Roma de maneira positiva. A maior parte dos horrores da perseguição chegou ao fim com a legalização do cristianismo, em 312 d.C., pelo imperador Constantino.

Os séculos de marginalização econômica, social e política foram substituídos por uma nova era de privilégio e status para os cristãos. Constantino pôs um fim a 275 anos de perseguição. Jerônimo testemunhou, em primeira mão, os benefícios que se foram acumulando desde que Constantino passou a favorecer os cristãos com a proteção de Roma e com o poder de Roma em vez de persegui-los. Na década de 410 d.C., essa era de glória romana e de triunfo cristão estava chegando ao fim.

Jerônimo não sabia o que iria acontecer. O que seria do mundo sem Roma? O que seria do cristianismo sem Roma? Ele traçou em sua mente todos os possíveis cenários. Todos pareciam sombrios. Jerônimo, equivocadamente, colocou sua confiança em Roma e no Império.

GLORIE-SE NISTO...

Algo parecido aconteceu na vida de Israel. O profeta Jeremias tinha um lugar na primeira fileira, profetizando o exílio do povo de Deus e depois testemunhando o exílio e as duras realidades que o acompanhavam. Em seu longo livro profético, ele registra as consequências de confiar nas coisas erradas. Como porta-voz de Deus, ele declara:

> Assim diz o SENHOR. Não se glorie o sábio na sua sabedoria, nem o forte, na sua força, nem o rico, nas suas riquezas. (Jeremias 9.23)

Isso cobre praticamente todas as coisas nas quais, naturalmente, tendemos a depositar nossa confiança. Mas Jeremias aponta em outra direção:

> [...] mas o que se gloriar, glorie-se nisto: em me conhecer e saber que eu sou o Senhor e faço misericórdia, juízo e justiça na terra; porque destas coisas me agrado, diz o Senhor. (Jeremias 9.24)

Israel pensava que sua esperança e seu futuro dependiam da aquisição de sabedoria, riquezas e força. Sabedoria, riquezas e força não são necessariamente coisas ruins. Na verdade, a Escritura, em muitos lugares, nos exorta a adquirir sabedoria. Abraão tinha muitíssimas riquezas. Ele foi repreendido por muitas coisas ao longo de sua vida, mas nunca por sua riqueza. Nações ricas podem usar isso para o bem. As pessoas também. Nações como Israel precisam ter força, precisam ter poder. A força é algo ruim? Pode ser usada para coisas ruins, para coisas malignas. Mas a força deve ser categoricamente desprezada e negada?

O que Deus queria que os israelitas entendessem na véspera do exílio? A resposta é simples: os israelitas negligenciaram aquilo de que mais precisavam. Seu futuro, sua esperança e seu sucesso dependiam de Deus somente. Nada mais. Deus deveria estar no centro de tudo. A confiança deles deveria estar em Deus — não na própria sabedoria, não em suas próprias riquezas, não na própria força.

Vivemos em uma época muito importante. Através dos avanços tecnológicos de nosso tempo, a informação pode ser divulgada instantaneamente. A mudança, mesmo quando dramática e substancial, pode acontecer com muita rapidez. Em consequência, os riscos são muito altos. A mudança acontece rapidamente — e, quando vemos, já aconteceu. Parece haver uma mudança sistêmica em curso. Facilmente pensamos nas mudanças que estão acontecendo agora como sinais de que coisas muito piores estão prestes a acontecer. Como tremores antes de um terremoto, todos nós simplesmente presumimos que o pior está por vir.

Assistimos a essas mudanças culturais e capitulações e, instintivamente, sabemos que são presságios de coisas ainda piores. O mundo está chegando ao fim (novamente).

Mas este não é um tempo para recuar, render-se ou desistir. É um tempo para ter confiança, e nossa confiança precisa estar no lugar certo. Ou melhor, nossa confiança precisa estar na pessoa certa. Nossa confiança precisa estar em Deus. Todo o resto decepcionará.

É O OBJETO QUE CONTA

Os teólogos nos fazem lembrar que, às vezes, refletimos sobre a fé da forma errada. Tendemos a pensar sobre a fé em termos de graus ou de intensidade — eu preciso de mais fé. Esse tipo de pensamento se manifesta especialmente quando pensamos em salvação. Contudo, mais fé não é a resposta. Minha fé não é a resposta. A resposta — em outras palavras, o que nos salva — é o objeto da fé.

O que eu preciso não é adquirir mais fé. O que eu preciso é mudar o objeto da minha fé. Preciso olhar para Cristo. Você quer viver pela fé? Olhe para Cristo, apoie-se em Cristo, siga Cristo, confie em Cristo e descanse em Cristo. O objeto da fé é o que faz toda a diferença.

É assim com a confiança. A palavra *confiança* vem da palavra em latim *fides*, que significa "fé". *Con-* é um prefixo que significa "com". No caso dessa palavra, funciona como uma espécie de prefixo de intensidade. A ideia por trás da palavra *confiança* é de "fé total". Dependência, firmeza — esses são sinônimos da palavra *confiança*.

Quando usamos a expressão *falta de confiança*, estamos falando de distrações que servem de obstáculos para a confiança, para nossa dependência e fé total. Em última análise, o medo me impedia de fazer aquela virada na piscina. Meu treinador sabia disso. Ele estava me mandando confiar em meu treinamento, confiar em sua instrução e confiar em minhas habilidades.

Você já se posicionou para a largada de uma corrida? Já se posicionou no bloco de saída? Adrenalina bombando, nervos à flor da pele? O que você precisa fazer? Basicamente, acalmar-se. Lembrar-se de seu treinamento. Estar confiante.

O que o treinador diz no vestiário durante o intervalo do jogo para o time que está perdendo? Eles fazem exercícios e assistem a filmes? Eles tentam treinar por mais dez minutos? É claro que não. Em vez disso, há um discurso inspirador. *Você consegue*, garante o técnico. *Acalme-se. Lembre-se do seu treinamento. Esteja confiante.*

Fé total, fé *intensiva*. Isso é o que confiança significa.

Como é o caso dos atletas quando entram em campo, os cristãos precisam estar confiantes no campo desta vida. Mas, ao contrário dos atletas, que olham para os adversários como inferiores, seremos tolos se depositarmos nossa confiança em nós mesmos. Os atletas devem confiar no próprio treinamento. É o que eles fazem. Por outro lado, os cristãos sabem que não faz sentido confiar na carne. Paulo diz claramente: "Não confiamos na carne" (Filipenses 3.3).

Nós confiamos firmemente em Deus. Nós fincamos nossa bandeira com ele, nele e por meio dele.

O momento em que vivemos é um tempo de mudança e confusão. Mas não podemos permitir que seja um tempo de recuo ou um tempo para nos escondermos na caverna, como Jerônimo. É um tempo para estarmos confiantes.

Falamos sobre como Jerônimo reagiu diante da queda de Roma. Agora considere outro pai da Igreja, Agostinho, e como ele reagiu diante da queda de Roma.

A grande obra de Agostinho, *Confissões*, conta a história do "Cão de Caça do Céu", que encontrou Agostinho. Conta a história de como Deus atraiu Agostinho para si e o levou para casa. Depois de sua conversão, Agostinho se tornou o bispo de Hipona Régio, que ficava no norte da África. Agostinho, como Jerônimo, viveu para testemunhar a queda de Roma em 410 d.C. De seu leito de morte, vinte anos mais tarde, Agostinho coordenou os esforços da cidade de Hipona em sua vã tentativa de resistir ao cerco dos vândalos. Mas o que Agostinho fez quando a notícia sobre o início do colapso de Roma chegou a ele? Foi estudar e escrever o que se tornaria um clássico. Ele escreveu *A Cidade de Deus*. É um livro muito longo e, logo no início, Agostinho diz: "Trata-se de um grande e árduo trabalho". Quando ele diz "grande", não quer dizer que é excelente; ele quer dizer que será longo, pois vai narrar a história humana. Em seguida, ele acrescenta: "pois que, para lá de todas as grandezas passageiras e efêmeras da Terra, ela atinge uma altura que não é uma usurpação do orgulho humano, mas um dom da graça divina".[5] Você ouviu a palavra que ele usa? Ele usa a palavra *passageira*. Impérios vêm e vão. Até as nossas próprias capacidades e realizações — tudo vem e vai.

Isso é o completo oposto de Jerônimo. Jerônimo vê que os bárbaros chegaram aos portões e diz: "O mundo está arruinado! Sim!", e vai para sua caverna. Agostinho vê a mesma coisa, mas entende qual é a perspectiva verdadeira e necessária. Ele adota uma perspectiva transcendente. Em vez de focar no que acontece no horizonte do que é temporário, temporal e terreno, Agostinho olha para cima. Agostinho sabe que aquilo que acontece no plano terreno está edificando sobre areias movediças.

Agostinho encerra seu longo livro fazendo com que nossa atenção se volte para o reino de Deus. O reino de Deus está acima de todos os reinos, impérios e nações passageiros. O reino de Deus é a realidade última e final. Agostinho usa a perspectiva da realidade do reino de Deus para ajudá-lo a entender a mudança sísmica que estava em curso e para ajudá-lo a lidar com essa mudança. Então, Agostinho declara:

> Quão grande será essa felicidade onde mal nenhum haverá, ou bem nenhum faltará, onde toda ocupação consistirá em louvar a Deus, que será tudo em todos! Lá haverá a fruição

---
5 Agostinho. *A Cidade de Deus*. Petrópolis: Vozes de Bolso, s.d.

da beleza. A verdadeira honra estará lá. A verdadeira paz estará lá. O próprio Deus, que é o autor de toda virtude, estará lá e será a sua recompensa.[6]

Agostinho foi capaz de ter essa perspectiva sobre a queda do Império Romano porque depositava sua confiança no lugar certo. Por outro lado, Jerônimo depositou sua confiança no lugar errado. Ele confiava em César. Ele confiava em Roma. Quando a coisa errada vacilou e desmoronou, Jerônimo agiu como Chicken Little e se escondeu na caverna.

Nos próximos capítulos, vamos encontrar o lugar certo para depositar nossa confiança.

---

6 Ibid.

CAPÍTULO DOIS

CONFIANÇA EM DEUS

"Eis que as nações são consideradas
por ele como um pingo que cai de um balde."
(Isaías 40.15)

Tudo o que poderia dar errado deu. A peste havia chegado à sua cidade. Sua filha infante morreu poucos meses depois de nascer. Ele sentiu a dor da traição. Ele ainda sentia as dores de uma guerra, com os dois lados sentindo como se ele tivesse, de alguma forma, decepcionado. Ele dera início a um movimento que quase o estava afogando. Esse era um dos anos mais difíceis de sua vida. Era o ano de 1527, e Martinho Lutero se perguntava se ele conseguiria sobreviver.

Ao longo dos dois anos que precederam esse período sombrio de sua vida, Lutero começou a escrever hinos. Como ele era um amante da música, além de um amante da teologia, os hinos surgiram naturalmente. Em 1527, ele escreveu o que talvez tenha sido o hino da Reforma, se não um dos hinos mais amados de todos os tempos.[7]

---

7 Sobre o hino "Castelo Forte", de Martinho Lutero, leia Stephen J. Nichols, *Martin Luther. A Guided Tour of His Life and Thought*, edição revisada e expandida (Philipsburg, N.J.. P&R, 2017), 179-94.

"Nós confiamos em nossa própria força?" E por que razão consideraríamos confiar?

Lutero conhecia a realidade das limitações humanas. Ele era quase *onicompetente*, um indivíduo motivado. Ele tinha uma personalidade extraordinária. Ainda assim, ele conhecia as próprias limitações. Em 1527, cercado de eventos tempestuosos, ele sabia que precisava olhar para fora de si mesmo, para além de sua própria força e habilidade. Ele sabia que somente Deus é nosso "castelo forte", nosso "baluarte que nunca falha". Ele sabia quanto seria fútil confiar em nossa própria força.

Esse hino de Martinho Lutero capta a essência de todo este livro. Lutero compôs o hino com base no Salmo 46, que troveja: "O Deus de Jacó é o nosso refúgio". Essa frase não é abstrata; ela tem muitas nuances. Esse é o Deus de Jacó. Nós conhecemos as fraquezas de Jacó. Nós também conhecemos o terno e eterno cuidado de Deus por Jacó. Esse é um Deus que vê, ouve, sabe e cuida. Esse não é um Deus distante, desinteressado. Esse Deus que cuidou de Jacó é a nossa fortaleza. Essa frase do Salmo 46 incentivou Lutero a refletir sobre todos os benefícios que temos.

O que nós temos? Temos o Espírito e temos os dons. Eles são nossos; eles pertencem a nós.

Quem está do nosso lado? "O Homem que por Deus foi escolhido." Cristo, nosso irmão mais velho, nosso Senhor e Redentor, ele está do nosso lado. "É ele, Cristo Jesus", essas são palavras reconfortantes que fluem da pena de Lutero. Cristo luta por nós contra todos os nossos inimigos.

Devemos ter confiança no resultado dessa luta? A resposta é clara: "Ele triunfará na batalha".

O que permanece? "A Palavra de Deus permanece." Em outro hino, Lutero declara: "Confiarei na imutável Palavra de Deus". Somente ela permanece. Somente a Palavra de Deus permanece.

E nós? Bem, "eles podem matar o corpo". Isso é verdade? Isso é existencialmente verdadeiro? Só há uma forma de isso ser verdadeiro. Só é verdadeiro se "a verdade de Deus permanece". Isso não é simplesmente uma hipérbole. Lutero tendia a usar uma linguagem exagerada, mas aqui ele estava falando muito sério.

O último verso do hino de Lutero diz o que realmente importa. "Seu reino é eterno".

Essa é a verdade retumbante que manteve Lutero ancorado em meio às tempestades de 1527. É Deus. É o seu Filho. É a sua Palavra. É o seu Espírito. É o seu Reino. Isso é o que importa.

E aqui está a verdade singular que permanece. É a mesma verdade que Agostinho usou como sua âncora quando Roma entrou em colapso ao seu redor. O reino de Deus é eterno. Essa é a realidade. O Deus de Jacó se mostra um castelo forte século após século.

E AS TEMPESTADES? E A BATALHA?

O hino "Castelo Forte", de Lutero, é inspirador. Lembro-me vividamente de quando cantei esse hino na abertura da conferência em Filadélfia sobre teologia reformada, em 1993. A histórica Décima Igreja Presbiteriana, que fica perto da bela praça Rittenhouse, em uma das cidades americanas mais célebres, foi a anfitriã. O magnífico órgão de tubos da igreja guiou a congregação. As janelas estavam abertas e, naquela noite fresca de primavera, as palavras do hino de Martinho Lutero encheram as ruas da Filadélfia. Ao recordar esse momento com os olhos da minha mente, ainda fico arrepiado.

Mas isso ocorreu em uma conferência com mais de mil pessoas parecidas, com corações, mentes e vozes unidos na adoração e no deslumbramento por Deus. Como tudo isso se mostra em meio às verdadeiras tempestades da vida? E o que devemos fazer com todos os nossos inimigos no portão que estão prontos para nos derrubar?

Vamos identificar esses inimigos. Desde o princípio, há três: o mundo, a carne e o diabo. Ao longo dos séculos, eles foram se transformando e fazendo uso dos adornos de cada época, mas a natureza básica sempre permanece a mesma. Eles se opõem a Deus, ao seu povo e ao seu reino. Eles conspiram juntos — e a soma é maior do que as partes.

Um dos textos mais confortantes do Antigo Testamento é Isaías 40. É um texto de beleza intensa. Desde o primeiro verso até o último, o texto é pura poesia. Também é pura teologia. Esse texto, inclusive, desempenhou importante papel em um dos grandes filmes do século XX, *Carruagens de Fogo*, a história do atleta olímpico escocês que se tornou missionário na China, Eric Liddell.[8]

Na véspera das Olimpíadas, Liddell enfrentou muita pressão política, até mesmo de um príncipe. No entanto, ele não recuou. Liddell, claramente um favorito nos 100 metros, não podia correr naquele evento das Olimpíadas de Paris de 1924. A primeira corrida para os 100 metros estava marcada para um domingo. Suas convicções presbiterianas escocesas não permitiam que ele corresse em um dia de *shabat*. Mas a Grã-Bretanha precisava dele. O príncipe de Gales, entre suas muitas responsabilidades cerimoniais, atuou como presidente

---

8 Sobre Eric Liddell, leia Duncan Hamilton, *For the Glory: Eric Liddell's Journey from Olympic Champion to Modern Martyr* (New York. Penguin, 2016).

do Comitê Olímpico Britânico. Ele tentou convencer Liddell a correr. Mas Liddell se manteve firme em sua posição.

Liddell, então, passou a focar nos 200 metros e começou a treinar para os 400 metros, um evento completamente novo para ele. A corrida de 400 metros rasos é considerada de média distância, não de curta distância, como as de 100 e 200 metros. Em nível de competição mundial, corredores de curta distância não se saem bem nas corridas de média distância.

Liddell levou o respeitável bronze nos 200 metros. Todavia, ele chocou o mundo quando ganhou o ouro nos 400 metros. Ele foi aclamado como campeão dos campeões.

No domingo, em vez de correr na primeira prova dos 100 metros rasos, ele estava pregando na igreja. Seu texto era Isaías 40, um texto apropriado, por causa da referência à corrida no verso 31. Também é apropriado por causa das referências às nações ao longo do capítulo. O que são as nações? São como um pingo que cai de um balde.

Há outros inimigos nesses versos em Isaías 40. Existem os ídolos e falsos deuses, as falsas religiões nos tempos de Israel e dos vizinhos de Israel. São forças poderosas da natureza contra as quais precisamos lutar. Por último, adicione nossas próprias fragilidades, fraquezas e debilidades da carne. Há muitos inimigos nesse capítulo.

Deus está lá a todo instante. Precisamos aprender essa lição de Isaías 40 mais uma vez.

CONSOLAI, CONSOLAI O MEU POVO

Isaías 40 é um ponto crucial do livro de Isaías. Os primeiros 39 capítulos consistem principalmente de longos discursos que se sucedem — discursos que falam sobre juízo, confusão e destruição. Ao chegar ao capítulo 39, você já está se sentindo angustiado e desanimado. Israel, as nações e praticamente todas as pessoas da face da terra estão sob a nuvem de tempestade do juízo de Deus. O pecado foi semeado. A colheita do juízo estava chegando.⁹

Em seguida, passamos para o capítulo 40, verso 1. Uma palavra admirável salta da página — duas vezes! "Consolai, consolai o meu povo, diz o vosso Deus." Como uma cascata em uma terra árida, os versos do capítulo 40 fluem sobre nós, trazendo refrigério e consolo. No centro desse refrigério e dessa consolação, há uma só coisa. Deus e sua salvação dominam sobre todos os inimigos, obstáculos e impedimentos. Ele é o nosso Deus e ele nos salvará.

No capítulo 40, Isaías está profetizando para um grupo de pessoas. A nação escolhida de Deus, que estava exilada em uma terra estranha. Sua terra natal, a Terra Prometida, fora sitiada e estava destruída. A antiga cidade santa de Jerusalém era uma pilha de escombros. O templo estava em ruínas. Isaías 40.1-11 profetiza o retorno de Israel à terra. Deus, o pastor bom e fiel, recolherá os cordeirinhos em seus braços, os levará no seio e os carregará em segurança de volta para sua terra, de volta para casa.

O povo no exílio era o destinatário direto dessa mensagem de consolação. Em sua mente, imagine-os ao redor de uma fogueira naquela terra estrangeira. Esses exilados estão juntos tentando entender o que aconteceu com eles. Eles eram a

---

9 Recomendo os comentários de Isaías escritos por Alec Motyer, *The Prophecy of Isaiah: An Introduction & Commentary* (Downers Grove, Ill.. InterVarsity Press, 1993), e Derek W. H. Thomas, *God Delivers: Isaiah Simply Explained* (Welwyn. Evangelical Press, 1993).

nação escolhida de Deus e, agora, estão completamente subjugados por um dominador estrangeiro. E Deus prometeu guiá-los em segurança para casa.

Qual seria a dificuldade para receber essa promessa? Se você estivesse olhando para as circunstâncias, olhando para o temporal, iria crer com facilidade? Ou você teria suas dúvidas?

Precisamos explorar isso um pouco mais. Israel não foi levada cativa simplesmente por um governante ou reino qualquer. Eles foram derrotados e levados pelo grande Nabucodonosor e pelo Império Babilônico. A Babilônia era o maior império que o mundo já tinha visto — até que veio o próximo. O Império Babilônico foi sucedido pelo Império Medo-Persa, que se tornou uma superpotência mundial. O lendário Ciro reinou sobre os medo-persas. Ele reinou sobre o povo capturado de Israel. Eles eram os escravos desse antigo tirano.

Ciro ascendeu ao trono em 539 a.C. Na época, seu domínio era sobre uma pequena região que atualmente faz parte do sudeste do Irã. Naquele mesmo ano, ele invadiu com sucesso a Babilônia. Ao longo dos nove anos seguintes, ele criou o maior império já visto em toda a história da humanidade até então. Entre seus muitos títulos, ele era conhecido como o Rei dos Quatro Cantos da Terra.

Em 539 a.C., ele autorizou Israel a voltar para sua terra; eles foram autorizados a reconstruir a cidade de Jerusalém e a reconstruir o templo. Isso está registrado em 2Crônicas 36.22 e em Esdras 6.3-5. Também foi profetizado por Isaías em Isaías 45.1-6. Isaías fala sobre Ciro — chama-o pelo nome — como o instrumento ungido por Deus para fazer Israel retornar para a Terra Prometida. Isaías chama Ciro pelo nome mais de cem anos antes de Ciro começar a reinar.

TEMPO DE CONFIANÇA

Evidentemente, esses relatos bíblicos são questionados por críticos e céticos. Essa profecia sobre Ciro em Isaías 45 já levou os críticos a cogitar até mesmo sobre a possibilidade de haver dois "Isaías", ou seja, duas seções do livro de Isaías com dois autores distintos. O primeiro Isaías teria escrito os capítulos 1-39. O segundo Isaías não teria escrito profecia, mas, sim, história. O "segundo autor" teria escrito os capítulos 40-66 como uma história do retorno do exílio.

Um dos argumentos dos críticos era a falta de corroboração extrabíblica para o decreto de Ciro permitindo que os exilados retornassem. Por que Ciro, o Rei dos Quatro Cantos da Terra, se preocuparia com os problemas desse grupo irrelevante de pessoas?

Até que, em 1879, alguns arqueólogos descobriram o Cilindro de Ciro no templo de Merodaque, na Babilônia, contendo a declaração de Ciro que decretou o retorno dos israelitas para sua terra. História — exatamente como está na Bíblia.

Não há fundamento sólido para defender a existência de dois Isaías. O argumento principal simplesmente se opõe à implicação de um único autor. Se a profecia de Isaías é verdadeira, isso não evidencia o fato de que a Bíblia não é um mero livro humano escrito por um autor humano?

Além de responder aos críticos, precisamos buscar entender o que Isaías 40 ensina sobre confiarmos em Deus.

Isaías estava escrevendo uma profecia. A intenção era que um povo cativo e exilado confiasse nas promessas de Deus e confiasse que ele iria libertá-los. Isaías 40.1-11 é uma longa declaração de uma gloriosa promessa de redenção.

Deus abrirá o caminho. Ele endireitará as veredas, ele removerá os montes, ele aplanará os lugares escabrosos (Isaías 40.3-4). Não haverá terrenos acidentados, não haverá lugares escabrosos para impedir esses exilados de voltar para a Terra Prometida. Além do mais, tudo isso serve somente como pano de fundo para a revelação da glória de Deus, como Isaías 40.5 declara: "A glória do Senhor se manifestará, e toda a carne a verá, pois a boca do Senhor o disse".

O Senhor falou. Israel seria uma voz profética para as nações, declarando a grandeza de Deus. No verso 9, o profeta deveria subir a um monte alto e anunciar.

O que os arautos fazem? Eles anunciam. Eles clamam e proclamam. Esse arauto específico recebeu uma tarefa específica: proclamar as "boas-novas" da redenção e libertação de Deus. Ele deveria apontar para os habitantes das cidades de Judá. Quando eles estivessem atentos, ele deveria fazer com que seus olhos fossem tirados do temporário e do temporal para que fossem colocados no transcendente. Esse arauto direcionava as pessoas para Deus.

"Contemplai o vosso Deus!", declara o profeta. "Contemplar" é a palavra certa. É uma palavra que não usamos com tanta frequência. É uma palavra reservada a uma coisa impressionante ou uma pessoa impressionante. Não é o mero ato de olhar. Não se trata de um olhar furtivo. *Contemplar* significa realmente ver.

Então, o profeta diz: "Contemplai o vosso Deus!". E nós olhamos atenta e intensamente para nosso Deus, nosso Deus impressionante. O que vemos quando olhamos para ele?

Nos capítulos 1 a 39, vemos o turbilhão de juízo, trovões e relâmpagos. Esse é o Deus que contemplamos. Agora, considere a descrição de Isaías 40.10-11:

TEMPO DE CONFIANÇA

> Eis que o S<small>ENHOR</small> Deus virá com poder, e o seu braço dominará; eis que o seu galardão está com ele, e diante dele, a sua recompensa. Como pastor, apascentará o seu rebanho; entre os seus braços recolherá os cordeirinhos e os levará no seio; as que amamentam ele guiará mansamente. (Isaías 40.10-11)

Esse é um panorama terno do poderoso Deus abaixando-se para nos recolher entre seus braços, para nos erguer e nos carregar junto de si, para nos carregar até seu perfeito plano de redenção. Nós vemos aqui um retrato das misericórdias ternas de Deus.

Contudo, considere, por um instante, a perspectiva desse povo cativo e exilado que escutava isso enquanto todos se assentavam ao redor das fogueiras na Babilônia e ansiavam por essa libertação. Foi-lhes dito que contemplassem seu Deus, mas tudo o que podiam ver era a Babilônia. Tudo o que podiam ver era Nabucodonosor e Ciro. Eles só viam obstáculos. Um povo derrotado tem dificuldades para enxergar além da derrota.

Qual seria o grau de dificuldade para conseguir enxergar as promessas de Deus sobre libertação em meio aos exércitos de Nabucodonosor e Ciro? Qual seria o grau de dificuldade para aceitar que esses reis poderosos e fortes não eram realmente aquele que tinha o controle, pois era Deus quem estava no controle — tudo indicando o contrário?

Se estivéssemos no exílio, longe de casa, teríamos nossas dúvidas? Nós confiaríamos completamente no que Deus prometeu em Isaías 40.1-11? Suspeito que, nos momentos de honestidade, essas promessas de libertação seriam recebidas com dúvidas. "Vamos ser realistas sobre a nossa situação", alguém se sentiria tentado a dizer. "Qual é o sentido de se encher de esperanças e se decepcionar depois?"

O que se segue nos versículos 12-31 responde a todas as dúvidas e esmaga todas as hesitações e suspeitas. Nesses versos, o profeta apresenta uma série de evidências do poder de Deus para realizar sua promessa.

Deus declara a libertação nos versos 1-11. Deus demonstra eu poder para libertar nos versos 12-31. Matthew Henry escreveu, sobre Isaías 40.12-31, que "o escopo desses versículos é mostrar que grande e glorioso ser é o Senhor Jeová".[10]

Nos versículos 12-31 de Isaías 40, o poder e a grandeza do que Deus pode fazer são apresentados para que sejamos capazes de contemplar a glória e a grandeza de quem Deus é.

Essas apresentações do poder de Deus começam mencionando a Criação e o grande poder da natureza. No verso 12, são mencionados os mares, a expansão dos céus, a própria terra e as montanhas. Todas essas coisas nos colocam no nosso lugar. Você já ficou de pé diante das ondas do oceano? Observe enquanto as crianças brincam na praia. A onda se aproxima e derruba as crianças. Onda após onda, de maneira implacável. E quando há uma tempestade no oceano? Ou mesmo no lago? E o que dizer sobre o poder da correnteza de um rio? E sobre a força da água em uma cachoeira?

Quando você olha para o céu à noite, quando as imensas estrelas entram em foco, você se sente pequeno?

E o que dizer deste globo em que vivemos? Nós já navegamos por todo o globo, mas quem somos nós diante dele?

E também existem as montanhas. Talvez nada nos conscientize tanto de nossa fragilidade e de quanto somos pequenos

---

10 *Matthew Henry Bible Comentary*, Isaías 40.27.

quanto uma montanha. Nós construímos arranha-céus. Nós voamos a mais de 10 mil metros de altura. Mas estar diante de uma montanha coberta de neve é algo de tirar o fôlego.

Os mares, os céus, a terra e as montanhas — todos são belos e gloriosos e, ao mesmo tempo, assustadores e aterrorizantes. Por mais grandiosas que essas coisas sejam, nada são quando comparadas a Deus. Ele tem as águas na concha de sua mão, esses mares que aterrorizavam os antigos marinheiros. Ele pesa essas montanhas em balanças. Mares e montanhas, o universo — são coisas que transcendem nossa experiência, capacidade e até mesmo nossa existência humana. Contudo, Deus transcende-as ainda mais. Deus é mais poderoso do que a Criação, do que as grandiosas e aterrorizantes forças da natureza.

Em seguida, o profeta parece passar de uma discussão sobre a onipotência de Deus, seu ser que tudo pode, para sua onisciência, o conhecimento de tudo. Contudo, o assunto ainda é a onipotência de Deus em Isaías 40.13-14. Dessa vez, Deus demonstra seu poder sobre os falsos deuses e sobre os ídolos.

No panteão dos deuses da Babilônia, Merodaque era o deus supremo, como Zeus era para os gregos ou Rá, o deus sol, para os egípcios. Mas Merodaque não era o único deus. Havia outros. No entendimento babilônico, Merodaque convocava um conselho com outros deuses. Ele os consultava, fazendo uso do conhecimento específico que eles tinham antes de decidir o que fazer. Como um presidente que consulta seu gabinete, Merodaque consultava os outros deuses.

Agora, considere Deus.

> Com quem tomou ele conselho, para que lhe desse compreensão? Quem o instruiu na vereda do juízo, e lhe ensi-

nou sabedoria, e lhe mostrou o caminho de entendimento?
(Isaías 40.14)

Todas essas perguntas são retóricas, e a resposta a todas é um retumbante "ninguém". Essa é uma declaração clara da supremacia de Deus sobre todos os supostos deuses. Deus é mais poderoso do que os falsos deuses, ídolos e sistemas religiosos.

No mundo antigo, a compreensão religiosa comum era que, se uma nação derrotava outra nação, isso significava a superioridade dos deuses da nação vitoriosa sobre os deuses da nação conquistada. Não era uma cultura secular com uma religião secular. Era uma cultura profundamente religiosa. Sem dúvida, a religião era completamente falha. Contudo, era uma cultura essencialmente religiosa. Quando a Babilônia conquistou Israel, isso significava que os deuses da Babilônia eram superiores? Merodaque havia derrotado Yahweh?

Anteriormente em Isaías, o profeta é rápido em destacar o funcionamento de uma dinâmica diferente em Israel. A derrota de Israel não significava qualquer tipo de fraqueza em Yahweh. Em vez disso, Deus removeu sua mão protetora para que a Babilônia fosse o instrumento de juízo contra seu povo. Por que Deus julgou Israel? Porque eles quebraram o pacto. Deus havia prometido que, se eles guardassem o pacto, ele os abençoaria na terra e tornaria suas mãos prósperas. Se eles quebrassem o pacto, receberiam as respectivas maldições. Eles sentiriam o peso de sua mão em juízo. Deus não falhou com Israel. Deus não fraquejou. Israel desobedeceu e se rebelou.

Há muitas palavras no hebraico para falar de pecado. Uma delas é *pasha*, que significa "rebelião pactual". Era usada para fazer referência a uma nação que quebrava um tratado com outra nação. A nação cometeria *pasha*; a nação se rebelava.

No segundo verso do livro de Isaías, deparamos com essa palavra. Israel se rebelou contra Deus (Isaías 1.2). Deus não dormiu; Deus não piscou os olhos. Israel deixou de guardar o pacto. Consequentemente, Israel sentiu as duras realidades do juízo e do exílio.

Contudo, a pergunta continuava a existir na mente dos israelitas cativos e exilados. Deus é forte o suficiente para nos livrar das garras dos deuses da Babilônia? A resposta era um retumbante "sim", pois Deus é o Deus supremo.

Então, Isaías 40 passa para as nações, aquelas que, coletivamente, formam um pingo no balde. O Líbano era conhecido por suas imensas florestas de cedros, uma mercadoria em si mesma. Aquelas imensas florestas de cedros ainda forneciam outro recurso: os animais que viviam lá. No entanto, todos aqueles cedros e todos aqueles animais seriam insuficientes para, juntos, formar uma centelha da quantidade necessária para o sacrifício (v. 16).

Todas as nações têm uma soma total de nada. Aliás, elas são menos do que nada (v. 17). O Salmo 2 pergunta por que as nações inutilmente se enfureçam. Eles mostram seus músculos. Eles rugem. Mas é tudo em vão. Os líderes mundiais espumam de raiva. Mas é tudo murmúrio.

O próprio Nabucodonosor torna-se um exemplo. Esse grande governante, tendo uma quantidade sem precedentes de riquezas e poder para sua época, acabou reduzido à loucura.

Nós nos curvamos diante de déspotas e líderes. O século XX testemunhou um conjunto completo de genocidas, verdadeiros megalomaníacos, que cometiam atrocidades e genocídio. No século XXI, bandidos atuam como chefes de Estado, enquanto líderes vigaristas fazem ameaças implacáveis e agem com violência. Então, precisamos ouvir as seguintes palavras: "Todas as nações são perante ele como coisa que não é nada". Precisamos ser lembrados do poder de Deus sobre as nações.

É principalmente aqui que a visão se faz mais necessária do que a capacidade de enxergar, como foi mencionado no capítulo 1. Se tudo o que fazemos é ver o que está diante de nós, ver o que está em nosso horizonte, facilmente nos desesperamos. Duvidar é fácil. Então, precisamos ter visão. Precisamos ter a visão de Deus, nosso tudo em todos.

No segundo século, Policarpo, bispo de Esmirna, foi martirizado. Ele escreveu uma crônica de sua prisão. Seus cooperadores concluíram o relato, registrando sua morte. É um texto fascinante. Na Igreja primitiva, era muito popular. Circulava junto com as epístolas do Novo Testamento e foi amplamente lido. A epístola de Policarpo foi escrita para encorajar outros cristãos em meio às perseguições que enfrentavam ou que viriam a enfrentar. O exemplo de Policarpo de um compromisso inabalável com Deus, não importa quanto custe, serviu de inspiração e encorajamento para muitos do segundo século até os dias de hoje.

Um dos trechos mais encorajadores é o seguinte. "Policarpo foi levado como prisioneiro por Herodes quando Filipe, o traliano, era o sacerdote supremo, Statius Quadratus era procônsul e Jesus Cristo era Rei eternamente, a ele sejam a glória, a honra, a majestade e o trono eterno, de geração em geração".[11]

---

11 "The Martyrdom of Polycarp", *The Fathers of the Church*.

TEMPO DE CONFIANÇA

Essa parte assegurava aos cristãos que enfrentavam perseguições naqueles primeiros séculos que Roma não estava no comando. Césares e procônsules, sacerdotes supremos e burocratas de médio escalão parecem estar no comando, mas não estão. Jesus Cristo reina. Somente ele é Rei.

Essa foi a lição para os cristãos do segundo século em Roma. Foi a lição para Israel enquanto esteve sob o domínio da Babilônia e da Medo-Pérsia. É a lição para nós hoje. É provavelmente uma das lições mais fáceis de aprendermos academicamente. Qualquer um que é capaz de ler e que está disposto a se submeter à Palavra de Deus concluirá que Deus está no controle. Haverá uma concordância e um assentimento intelectual. Conhecer na prática pode ser algo completamente diferente. Conhecer na prática significa confiar e não temer. Conhecer na prática significa, corajosamente, proclamar e viver pelo evangelho, e não recuar, ceder ou desistir das convicções diante da oposição e do desafio.

Eles podem matar o corpo? É mais fácil cantar do que viver.

É nessa parte de Isaías 40 que o profeta se interrompe para avaliar a situação. O poder de Deus foi demonstrado sobre a Criação, sobre os falsos deuses e sobre as nações. Então, o profeta faz uma pergunta retórica que nos faz lembrar que Deus é incomparável: "Com quem comparareis a Deus?" (v. 18).

Imediatamente, tem início outra sequência de argumentos sobre o poder de Deus. Novamente, os ídolos e os falsos deuses são mencionados. Agora há um agradável sarcasmo. Alguns ídolos são cobertos e revestidos de ouro. Mas, para os que têm menos recursos, a madeira é suficiente. Comprador, tome cuidado. Certifique-se de que o artífice é habilidoso. Caso contrário, o ídolo de madeira pode oscilar e cair (v. 20).

Alguns séculos mais se passariam até os seres humanos tornarem-se capazes de voar a mais de 10 mil metros de altura, fazendo com que todas as coisas na terra parecessem bem pequenas. Durante todo esse tempo, Deus sempre teve uma perspectiva muito mais alta. Enquanto exércitos avançam e impérios constroem e crescem, eles parecem insetos para Deus. O vasto céu é meramente a tenda de Deus. Mais uma vez, Deus domina a natureza. E, mais uma vez, o poder de Deus domina os príncipes e as nações, e Deus os reduz a nada. São como um vapor que desaparece (v. 23).

O argumento foi apresentado. O poder de Deus foi demonstrado de maneira vívida, contínua e vigorosa do versículo 12 ao versículo 26.

Mas a dúvida permanece. Observe o versículo 27: "Por que, pois, dizes, ó Jacó, e falas, ó Israel: O meu caminho está encoberto ao Senhor, e o meu direito passa despercebido ao meu Deus?"

O profeta antecipa a dúvida, a desconfiança. Uma coisa são essas declarações grandiosas, até mesmo abstratas, sobre o poder de Deus, mas Deus se importa comigo? Sua onipotência alcançará o que estou enfrentando agora, meu desafio, meu medo e minha dúvida?

Primeiro, considere o simples fato de essa pergunta ser registrada. Isso é revelador. Nós vivemos no que é conhecido como a tensão entre o "já" e o "ainda não". Nossa redenção "já" e "ainda não" se realizou. O reino está aqui "já" e "ainda não". Às vezes experimentamos um pouco do "já". Mas muitas coisas parecem "ainda não". É difícil viver entre a promessa e o cumprimento da promessa. É fácil perguntar: "Deus se importa comigo?". Esse é o tipo de pergunta que nunca admitimos que fazemos e que raramente verbalizamos. Contudo, são perguntas que realmente fazemos.

Também é fácil ficar perplexo com o aparente triunfo do mal. Nas palavras do cantor de Blues, Son House: "Eu sei que, eventualmente, haverá justiça na eternidade, mas que tal um pouco de justiça aqui e agora?". Talvez seja essa a pergunta que costumamos fazer diante do desespero ou do intenso desejo de ver o mal deixando de triunfar ou a justiça deixando de ser castigada. O fato de essa pergunta estar registrada na Escritura é um encorajamento. O fato de Deus ter a resposta é um encorajamento ainda maior.

João Calvino entendia que essa pergunta envolvia o desânimo, o abatimento e o absoluto desespero. Calvino também entendia o seguinte: "O Senhor pretende mover os corações dos piedosos para que eles não desfaleçam em meio às grandes calamidades [...] para que eles não sucumbam diante de nenhuma tribulação, não importa quanto tempo dure".[12]

"*Deus se importa comigo?*", essa continua sendo a pergunta. Para responder, Isaías apresenta mais um argumento em defesa do poder de Deus. Como um bom contador de histórias, ele guardou o melhor para o final. O último argumento em defesa do poder de Deus é o seguinte: Deus demonstra seu poder na vida de seu povo. Em última análise, Deus não somente demonstra seu poder, como também tem prazer em fazer isso na vida de seu povo. Essa é a nossa confiança em Deus. Ele tem prazer em nos salvar, em nos ajudar, em nos proteger, em nos fortalecer e em nos consolar.

---

12 João Calvino, *Comentários*, v. 15, *Isaías*, Parte III.

Em nosso estado desesperado, quando chegamos ao nosso limite, estamos prontos para enxergar aquilo que já deveria ter sido nosso foco o tempo inteiro. Nas palavras de Matthew Henry: "Portanto, precisamos estar inteiramente convencidos de nossa fraqueza para nos rendermos ao poder de Deus".

No final de Isaías 40, vemos nossa fraqueza sendo apresentada com bastante clareza. Também vemos o poder de Deus com uma clareza ainda maior. Medite nas seguintes palavras:

> Não sabes, não ouviste que o eterno Deus, o Senhor, o Criador dos fins da terra, nem se cansa, nem se fatiga? Não se pode esquadrinhar o seu entendimento. Faz forte ao cansado e multiplica as forças ao que não tem nenhum vigor. Os jovens se cansam e se fatigam, e os moços de exaustos caem, mas os que esperam no Senhor renovam as suas forças, sobem com asas como águias, correm e não se cansam, caminham e não se fatigam. (Isaías 40.28-31)

Há um claro contraste entre o poder de Deus e a fraqueza humana. Considere o símbolo da energia humana: os jovens. Todo pai sabe que tudo que você precisa fazer é esperar. Eles explodem em momentos de surpreendente energia. Mas até mesmo os mais energéticos entre eles têm limites. Ou considere o símbolo de força e vigor: os homens jovens. Eles também têm limites e, em algum momento, vão chegar ao limite.

Javier Sotomayor bateu o recorde mundial na prova de salto em altura com impressionantes 2,45 metros. Isso foi em 1993. Não sei que altura ele consegue pular atualmente, mas tenho certeza de que ele não consegue ultrapassar os 2,45 metros. Em algum momento, chegamos ao nosso limite. Nós admitimos com Lutero e seu hino que nossos esforços resultariam em derrota. Gentilmente, o profeta diz para esperarmos em Deus. O Senhor renova nossas forças.

Havia uma aplicação específica desses versos ao público original de Isaías. A promessa do retorno para a Terra Prometida não significava somente ser liberto das garras de Ciro, o tirano; incluía também a viagem para chegar lá. Não havia caminho fácil para viajar das cidades da Babilônia para Jerusalém no século 5 a.C. Ao longo da viagem, haveria muitos desafios para o indivíduo, para a família e para o clã. Imagine o desafio de levar um grupo de pessoas, um povo que incluía bebês, crianças, idosos, fracos e deficientes. Até os jovens, que conseguem bater recordes em provas de salto em altura e parecem ter uma quantidade infinita de energia — todos que fizessem essa viagem desfaleceriam. Cada um deles chegaria ao seu limite e cairia exausto. Mas aqueles que esperassem em Deus seriam fortalecidos e capacitados por ele. Quando o profeta fala em "esperar" — e ele usa essa palavra muitas vezes ao longo do livro —, chama-nos para fazer uma pausa e parar de depender de nós mesmos ou de nossos próprios planos ou projetos. Esperar significa sair da dianteira e confiar e depender completamente de Deus.

Aqueles que, de fato, esperam no Senhor recebem a promessa de que Deus renovará suas forças. O profeta enfatiza e acentua essa promessa abrangente com três metáforas no versículo 31. Isaías usa três ilustrações específicas para demonstrar quanto é garantido que a força de Deus nos renovará por completo. Essas três ilustrações apresentam o poder de Deus com muita clareza.

Inicialmente, talvez possamos imaginar que a ordem dessas três ilustrações está invertida. A ordem parece anticlímax. Preferiríamos voar como águias a correr, e certamente preferiríamos voar pelos ares a caminhar. Contudo, Isaías menciona a caminhada como a ilustração culminante. Mas, se refletirmos sobre isso, veremos que a ordem é exata.

Voar como águias, correr e caminhar são todas metáforas. Vamos considerar o significado dessas metáforas. Raramente precisamos de toda essa energia para voar como uma águia e, ocasionalmente, precisamos correr, mas nós caminhamos constantemente. É uma atividade bastante comum. Você pode até usar a palavra "ordinária". E é no ordinário que Deus se encontra conosco. Deus se encontra conosco em nossas atividades cotidianas, nos momentos de grande importância e em todo o resto. Não há nada que possamos fazer que seja pequeno demais ou grande demais para Deus operar em nós e nos fortalecer. É nas atividades de nossas vidas e nos eventos cotidianos que Deus mostra e prova que é capaz. Em todos os momentos e atividades de nossas vidas, Deus está demonstrando seu poder em nós e através de nós.

Deus tem prazer em demonstrar seu poder na vida de seu povo. Enquanto vivem entre a promessa e o cumprimento, eles esperam; eles encontram sua força em Deus. Então, podemos estar confiantes. Nossa situação é tão ruim quanto a de Israel quando eles estavam assentados em torno de uma fogueira sob o domínio de um opressor estrangeiro, a gerações de distância da libertação?

Contudo, o público de Israel foi ordenado a olhar para Deus, a confiar em Deus. Deus os recolheria como cordeirinhos e os levaria para casa. Essa é uma palavra de conforto.

TEMPO DE CONFIANÇA

Somente Deus é digno de nossa confiança. Somos nós que perdemos quando deixamos de depositar nossa confiança nele. Lutero estava certo: "Castelo forte é o nosso Deus, um baluarte que nunca falha".

R. C. Sproul já disse muitas vezes que nosso maior problema é que não sabemos quem é Deus e não sabemos quem somos nós. Isaías 40 é um bom lugar para começar a aprender sobre Deus e sobre nós mesmos. Nós só arranhamos a superfície sobre quem é Deus no capítulo 40 de Isaías. Ele é onipotente, onisciente e onibenevolente. Ele é santo, justo, bom, reto e puro. Ele é cheio de misericórdia e compaixão, longânimo, gracioso e boníssimo. Ele é o nosso Deus.

Isaías também é um bom lugar para começarmos a aprender sobre Cristo. Em última análise, a redenção que Isaías descreve de forma poética no capítulo 40 é inteiramente por causa dele. É tudo por causa de Cristo. Uma das frases mais difíceis de toda a Escritura aparece alguns capítulos depois de Isaías 40, em Isaías 53.10. Você sabe por que Deus finalmente cumpre sua promessa e demonstra seu poder? É por causa de nosso irmão mais velho, Cristo. Você sabe por que podemos caminhar e não nos fatigar? Você sabe por que podemos correr e não nos cansar? Você sabe por que podemos voar como uma águia? Houve um momento em que Cristo não foi capaz de caminhar e desfaleceu sob o poder da cruz. Ele tomou sobre si nossos pecados, nossa injustiça, nossa fraqueza, nossa fragilidade e nossa incapacidade. Você sente o peso de Isaías 53.10? Ouça essas palavras devastadoras: "Todavia, ao Senhor agradou moê-lo".

Enquanto refletimos sobre esses belos versos de Isaías 40, sabemos que eles são verdadeiros por causa dos terríveis versos de Isaías 53. Há aquele que desfaleceu por nossa causa. Há aquele que foi esmagado por nossa causa. E Deus, em poder, o ressuscitou dos mortos.

A demonstração máxima do poder de Deus é na cruz e no túmulo vazio. Por causa dessa demonstração do poder de Deus na cruz e na ressurreição, nós somos seu povo, nós somos suas ovelhas. Deus nos recolherá em seus braços. Esse é o nosso Deus. Nós depositamos nossa confiança nele com firmeza e segurança. Deus nunca decepciona, pois ele nos diz:

> Não temas, porque eu sou contigo; não te assombres, porque eu sou o teu Deus; eu te fortaleço, e te ajudo, e te sustento com a minha destra fiel. (Isaías 41.10)

CAPÍTULO TRÊS
CONFIANÇA NA BÍBLIA

"Confiarei na imutável Palavra de Deus
até que a alma e o corpo se separem,
pois, embora todas as coisas hão de passar,
sua Palavra permanece para sempre."
— Martinho Lutero

"A sabedoria de Deus não foi dada somente para
uma era específica, mas para todas as eras. Certamente,
somos impelidos a receber o que Deus revela como
verdade e a refletir sobre sua Palavra."
— Jonathan Edwards

Numa coluna do *New York Times* do dia 3 de abril de 2015, Frank Bruni expressou sua indignação em "Bigotry, the Bible and the Lessons of Indiana" ["Preconceito, a Bíblia e Lições de Indiana"], em referência ao drama que acompanhou a aprovação do Ato de Restauração da Liberdade Religiosa no estado de Indiana. Bruni argumentou que assumir uma posição que condena determinados estilos de vida e orientações sexuais "prioriza passagens isoladas de textos antigos em detrimento do que foi aprendido depois — como se o tempo tivesse parado, como se os avanços da ciência e do conhecimento não significassem nada".

Bruni prosseguiu em sua tentativa de argumentar que, hoje em dia, temos muito mais informações do que os antigos, muito mais do que os autores bíblicos. Novamente, uma posição que condena determinadas orientações sexuais "coloca a reverência irrefletida acima da observação inteligente, acima da evidência que está diante de você, pois olhar com sinceridade para gays, lésbicas e bissexuais é perceber que somos os mesmos magníficos enigmas que todo mundo: não somos mais falhos, não somos mais dignos".

Descarte a Bíblia. Ela não faz mais sentido para nosso mundo ou para nossa existência.

Há um ataque direto contra a Bíblia. E Bruni não está só. Estamos cercados por uma cultura que pensa que sabe mais do que a Bíblia. Muitas vozes barulhentas entraram na conversa para defender que devemos desistir completamente do antigo livro que está tão dessincronizado com a vida no século XXI.

A série de 2014 *Transparent*, vencedora do Globo de Ouro, produzida pela Amazon Studios, apresenta a popularização da transformação de gênero. A família do personagem principal se dá conta de que o pai nem sempre foi um pai. O programa apresenta o fenômeno da arte imitando a realidade. Jill Soloway, a criadora e produtora do programa, tem um pai transgênero. Ela utilizou um "programa de ação transformadora" na contratação para a série, dando preferência aos indivíduos transgêneros. Todos os banheiros no set de filmagem eram transgêneros.

No primeiro capítulo do primeiro livro da Bíblia, lemos as seguintes palavras: "Criou Deus, pois, o homem à sua imagem, à imagem de Deus o criou; homem e mulher os criou" (Gênesis 1.27).

A revolução transgênero não é, na verdade, uma revolução, mas uma rebelião, uma rebelião contra o claro ensino da Escritura — e contra a própria natureza do universo. Gênero não é uma construção social. É uma realidade.

Embora esses ataques específicos sejam novos, os ataques contra a Bíblia não são nenhuma novidade. No início do século XX, os desafios vinham das ciências. Predominava a visão de Charles Darwin sobre as origens. Sua visão começou a chegar aos Estados unidos no final do século XIX. Especialistas em Antigo Testamento entenderam que Darwin oferecia uma explicação do universo melhor do que os primeiros capítulos de Gênesis. O darwinismo espalhou-se rapidamente. Em 1925, ano do famoso julgamento de Scopes [popularmente conhecido como julgamento do macaco], o darwinismo já havia conquistado a elite cultural dos Estados Unidos. O julgamento de Scopes foi um confronto entre o estado do Tennessee e John Thomas Scopes, um professor de ciência do ensino fundamental que utilizou um livro escolar que mencionava a evolução. A lei favorecia o estado do Tennessee. Ensinar o evolucionismo era proibido por uma lei da Assembleia Geral do Tennessee, denominada Lei Butler. O caso chamou a atenção da mídia e, rapidamente, foi apelidado de "julgamento do século" — embora muitos outros julgamentos também viessem a ser chamados assim. Todos estavam atentos ao tribunal em Dayton, Tennessee. Havia muitas coisas em jogo. Clarence Darrow, advogado de defesa, colocou a Bíblia no banco dos réus.

O que estava sendo discutido naquele tribunal do Tennessee era a questão crucial do século XX. A Palavra de Deus ainda é verdadeira? A Bíblia é importante? Ou, em termos mais pessoais, vamos dar ouvidos a um livro que tem entre dois e cinco mil anos ou vamos prestar atenção na ciência moderna? A questão era, basicamente, essa. Ser a favor do evolucionismo significava ser urbano, moderno, informado e culto. Acreditar em Gênesis 1 significava ser mal informado e ignorante, um bicho do mato que vivia num passado distante.

Houve outro ataque direto contra a Bíblia no início do século XX. Se Darwin e o evolucionismo foram ataques externos, esse foi um ataque que veio de dentro, do *establishment* religioso. Na década de 1910, Billy Sunday, um ex-jogador de beisebol, tornou-se um evangelista inflamado e realizava grandes cruzadas nas cidades americanas. Ele era conhecido por sua pregação acrobática. Aliás, em determinados momentos, Sunday era capaz até mesmo de pular da plataforma para cima do púlpito. Ele ficava bem na beira da plataforma e trovejava: "Se você virar o inferno de cabeça para baixo, sabe o que está escrito embaixo? Fabricado na Alemanha!". Era a época da Primeira Guerra Mundial e o mundo estava contra a Alemanha. Mas Sunday não estava falando só disso. Sunday estava se referindo à alta crítica.

A alta crítica surgiu com os estudiosos ingleses e alemães, mas todo o foco era voltado aos estudiosos alemães do século XIX. Primeiro, a alta crítica examinou e perscrutou o Pentateuco, desafiando a autoria mosaica. Quando eles terminaram suas investigações críticas, históricas e filológicas, chegaram à conclusão de que o Pentateuco expressava o senso do divino no homem. Não era uma palavra divinamente inspirada de Deus para o homem. A alta crítica do Antigo Testamento identificou quatro linhas autorais nos cinco primeiros livros da Bíblia, que eram anteriormente atribuídos a Moisés sob a inspiração do Espírito Santo. A alta crítica também se voltou para examinar Isaías e, novamente, descobriu um relato diferente do que era anteriormente reconhecido. Isaías também passou a ser tratado como obra de autores humanos somente. Esses eruditos concluíram que Isaías é história, não profecia.

Depois veio a hora de examinar os Evangelhos. Isso deu início ao que é conhecido como a "busca pelo Jesus histórico". Segundo essa teoria, existem dois Jesus na forma final dos quatro Evangelhos. Um é o Jesus da fé, que é o Jesus embelezado. Ele é o Jesus das comunidades de fé que se desenvolveram do primeiro século em diante. O outro é o Jesus da história, o Jesus que realmente existiu. Então, os defensores dessa teoria buscam o núcleo da verdade em meio a todas as armadilhas dos mitos e do embelezamento.

Você pode acompanhar o desenvolvimento da alta crítica ao longo de todo o século XX até os nossos dias. O Jesus Seminar [Seminário de Jesus] produziu *Os Cinco Evangelhos* (o quinto era o Evangelho de Tomé), e figuras como Bart Ehrman e Elaine Pagels já escreveram inúmeros livros e aparecem regularmente na mídia para explicar como o Novo Testamento realmente foi escrito. Ehrman, Pagels e outros escrevem livros sobre a Bíblia que são usados em aulas de religião para calouros nas faculdades e universidades.

Em nossos dias, os ataques das ciências continuam. As ciências sociais se uniram a eles na briga. Os gurus da identidade humana e da natureza humana — sociólogos, antropólogos culturais e especialistas em estudos culturais — entram na fila para nos dizer qual é a melhor maneira de pensar sobre nós mesmos, sobre nossa identidade e nossa sexualidade. Jill Soloway teve sua primeira epifania sobre questões transgêneros em uma aula de estudos culturais quando era aluna de graduação na Universidade de Wisconsin-Madison. Ideias ruins têm consequências ruins.

Na virada do século XX, as ciências supostamente sabiam mais do que a Bíblia. Agora, as ciências sociais supostamente sabem mais do que a Bíblia. E nós estamos vendo essa nova cosmovisão ser apresentada de maneira artística e divertida através de uma enxurrada na mídia e nos corredores da academia. Um observador e ouvinte ocasional será exposto a inúmeros indivíduos, atos e ideias homossexuais, bissexuais e transgêneros — tudo dentro dos meios populares de comunicação. Essa é a época em que vivemos (veja StateofTheology.com).

Esses desafios têm um efeito cumulativo. Eles se tornam profecias autorrealizáveis. Os promotores e produtores desse material não querem apenas abrir espaço para essas perspectivas biblicamente aberrantes, mas também ampliar sua tribo. Eles querem silenciar qualquer um que se levante contra eles. Eles querem opor-se a qualquer um que diga: "O que você está promovendo e fazendo é errado".

O lado bom desses desafios contra a Bíblia em nossos dias é que trazem muita clareza para a questão que se põe diante de nós, como cristãos. Sua autoridade será a Palavra de Deus? Ou serão as sensibilidades de nossa época? É a Bíblia? Ou somos nós?[13]

Esses novos desafios suscitam três questões que precisamos considerar. A primeira tem a ver com a maneira como somos pessoalmente afetados. Nós somos sutilmente influen-

---

13 Para uma defesa moderna da autoridade da Escritura, leia John McArthur, *The Inerrant Word. Biblical, Historical, Theological and Pastoral Perspectives* (Wheaton, Ill.. Crossway, 2016).

ciados por toda essa decadência moral? Em outras palavras, nós estamos redefinindo os limites porque a cultura está tentando apagá-los?

A segunda questão é de nosso interesse como uma entidade maior, como o corpo de Cristo. Continuaremos a defender nossas convicções bíblicas diante da crescente pressão e da eventual perseguição? Tome cuidado com líderes que querem "repensar" o que a Bíblia diz ou a maneira de aplicarmos a Bíblia a essas situações e contextos atuais. Precisamos reafirmar a verdade do passado. Precisamos reafirmar a teologia histórica e ortodoxa, e o entendimento bíblico. Mas nunca podemos repensar o que a Bíblia ensina. Preferiríamos, por exemplo, que nosso chefe reafirmasse a decisão de nos contratar a repensá-la. Alguns alarmes deveriam disparar em nossas cabeças sempre que ouvíssemos falar em "repensar" ou "adaptar". Quando você ouvir o disparo desses alarmes, corra.

Por outro lado, precisamos ser solidários com os líderes que defendem as convicções bíblicas. Precisamos ser solidários com as igrejas que defendem as convicções bíblicas. Esse é um tempo para identificar fronteiras. As fronteiras nos ajudam a saber quem não está conosco. As fronteiras também nos ajudam a saber quem está conosco. E nós precisamos uns dos outros, talvez agora mais do que nunca. Precisamos encorajar aqueles que se posicionam de maneira clara para defender as convicções bíblicas. Aqueles que se posicionam assim são criticados, e as críticas muitas vezes são duras e afiadas. Parte da beleza do corpo de Cristo é o cuidado que temos uns pelos outros, uns encorajando os outros. Com uma cultura cada vez mais hostil ao nosso redor, esse encorajamento mútuo deixa de ser um luxo e passa a ser uma necessidade.

TEMPO DE CONFIANÇA

A terceira questão diz respeito aos nossos deveres como cidadãos e como embaixadores da verdade e do evangelho neste mundo estranho. Como cristãos, mantemos as convicções bíblicas e esperamos que outros cristãos façam o mesmo. Contudo, como defender as convicções bíblicas no mercado de ideias?

Precisamos deixar que a Bíblia seja nosso guia. Se é uma questão concernente ao evangelho, precisamos nos posicionar. Se é uma questão concernente a uma verdade bíblica, precisamos nos posicionar. Deus falou sobre a identidade da natureza humana e sobre a identidade sexual. Deus falou sobre o casamento.

Todos esses três limites são impostos nos primeiros dois capítulos da Bíblia. Deus deixa claro que ele nos criou, que criou macho e fêmea e que projetou o casamento para que fosse entre um homem e uma mulher. Essas três verdades fundamentais são claras. Todas as três são rejeitadas em nossos dias.

Como essa mensagem será recebida, isso não importa. Lembra-se do hino de Lutero? "Eles podem matar o corpo." Somos chamados a ser testemunhas fiéis da vontade revelada de Deus. Não podemos permitir que consequências lamentáveis e indesejáveis nos impeçam de obedecer a esse chamado.

Novamente, os desafios de nossos dias trazem um novo nível de clareza para nosso chamado e para nosso compromisso. Somos conduzidos de volta à Palavra de Deus com uma necessidade ainda maior de escutar. O ataque contra a Palavra de Deus nos leva de volta para a Palavra de Deus. Esses ataques não enfraquecem nossa fé na Palavra de Deus. Em vez disso, esses ataques nos forçam a confiar na Palavra.

A BÍBLIA É REALMENTE A PALAVRA DE DEUS

Evidentemente, muito antes de nossa época, muito antes de Jill Soloway, antes do *Jesus Seminar*, antes de Darwin e do julgamento de Scopes, já havia ataques contra a Palavra de Deus. Para encontrar o primeiro desafio, precisamos retroceder muito no tempo, precisamos retroceder até o princípio. O jardim do Éden é o cenário do primeiro ataque, realizado pela serpente, depois por Eva e, em seguida, por Adão. Os descendentes do primeiro casal deram continuidade à tradição familiar.

Os ataques contra a Palavra de Deus não são uma novidade.[14]

Paulo conhecia os ataques contra a Palavra de Deus. Com o objetivo de preparar as novas igrejas e seus congregantes, ele os lembra do que estavam lendo quando liam a Bíblia. Em 1Tessalonicenses 2.13, Paulo oferece uma das declarações mais sucintas sobre a doutrina da Escritura. Paulo amava a igreja da Tessalônica. Ele tinha alguns problemas com algumas das igrejas que havia plantado (a igreja de Corinto é um exemplo memorável). Mas, quando você lê as epístolas aos tessalonicenses, sente o genuíno amor mútuo entre Paulo e a igreja da Tessalônica.

Depois, em 1Tessalonicenses 2.13, Paulo diz: "Outra razão ainda temos nós para, incessantemente, dar graças a Deus. é que, tendo vós recebido a palavra que de nós ouvistes [...]" (1 Tessalonicenses 2.13). Vamos fazer uma pausa aqui. Paulo proclamou a palavra de Deus. Esse era seu trabalho. Todos nós temos o mesmo trabalho. Temos vocações e há determinadas

---

[14] Algumas partes desta e da próxima seção apareceram em Stephen J. Nichols, "The Bible Really Is God's Word", *Bible Gateway Blog*, 9 de abril de 2015, https://www.biblegateway.com/blog/2015/04/the-bible-really-is-gods-word/

coisas que fazemos, mas nosso principal trabalho é proclamar a Palavra de Deus.

Então, Paulo continua: "[...] tendo vós recebido a palavra que de nós ouvistes, que é de Deus, acolhestes não como palavra de homens, e sim como, em verdade é, a palavra de Deus..." (1Tessalonicenses 2.13). No primeiro século, havia muitas palavras de homens. O mundo greco-romano estava cheio de filósofos que propagavam suas filosofias. Eles entravam nas cidades com suas habilidades de oratória, apresentavam-se em um pórtico na praça pública e impressionavam a multidão com uma nova ideia ou com a nova aplicação de uma ideia. Havia muitas "palavras de homens" na época de Paulo. Esses eram os romanos com sua herança grega. Eles tinham Sócrates, Platão e Aristóteles. Eles tinham Homero, Heródoto e Sêneca. Eles tinham Euclides e Arquimedes. Eles amavam novas ideias, novos sistemas de pensamento. Eles debatiam. Eles derrubavam as ideias antigas. Eles valorizavam filósofos, poetas, cientistas e dramaturgos. Eles se deleitavam nas palavras de homens.

Paulo diz que sua mensagem não é isso. A Bíblia não é a palavra de homens. Você se lembra do que Pedro disse? "Não seguimos fábulas engenhosamente inventadas" (2Pedro 1.16). É divertido ler os clássicos gregos. Os textos mitológicos gregos são bem elaborados e engenhosamente inventados. Contudo, em última análise, são mitos e construções humanas. Sua origem é humana. Diferente das palavras dos homens, Pedro diz, essa Palavra, a Bíblia, veio do alto.

Mas o que Paulo e os outros apóstolos e autores do Novo Testamento tinham a oferecer não era algum novo plano engenhosamente inventado. Como Paulo diz, a mensagem que ele pregava e a mensagem que os crentes tessalonicenses receberam

eram a Palavra de Deus. Verdadeiramente, a Palavra de Deus. Contra as palavras dos homens, existe a Palavra de Deus.

Paulo expôs da seguinte maneira: "Tendo vós recebido a palavra que de nós ouvistes, que é de Deus, acolhestes não como palavra de homens, e sim como, em verdade é [...]". Agora ele vai definir o que é aquela palavra que ele pregou. Ele nos diz que é "a Palavra de Deus".

Pietro Martire Vermigli nasceu em Florença e começou a ser influenciado pelos escritos dos Reformadores. Ele se converteu e fugiu. Ele passou um tempo nas grandes cidades da Reforma na Suíça antes de ser convidado para Cambridge. Ele também serviu em Oxford e depois em Zurique. Ele era um firme defensor da autoridade da Escritura. Vermigli dizia que a autoridade da Escritura era estabelecida por duas palavras em latim: *Dominus dixit*, expressão traduzida como "Assim diz o Senhor".[15] Esse é o ponto de partida em nossa doutrina da Escritura. Quando ouvimos "Assim diz o Senhor", submetemo-nos e obedecemos. A Bíblia é a Palavra de Deus.

Porque a Bíblia é a Palavra de Deus, era suficientemente poderosa para realizar duas coisas. Ela era suficientemente poderosa para abrir os olhos daqueles crentes tessalonicenses à verdade. E era suficientemente poderosa para "operar" neles.

Observe a próxima coisa que Paulo diz em 1 Tessalonicenses 2.13. Ele escreve que essa Palavra está "operando eficazmente em vós, os que credes". Precisamos apegar-nos a essa frase. A ideia da Palavra operando em nós é semelhante ao objetivo da educação. A educação começa com *scientia*, ou seja, conhecimento. Mas a educação demanda muito mais do que um depósito de

---

15 Pietro Martire Vermigli em Richard Muller, *Post Reformation Reformed Dogmatics*, v. 2 (Grand Rapids, Michigan: Baker, 2003), 323.

conhecimento, como a transferência de dados de uma máquina para outra. A educação também envolve *sapientia*, ou seja, sabedoria. Precisamos organizar todos os dados e informações. Precisamos ser capazes de classificar e organizar hierarquicamente as informações que temos. Precisamos de sabedoria para saber como aplicar as informações — e quando aplicá-las. Mas educação é mais do que sabedoria. A educação também envolve, em última análise, *formatio*, ou seja, formação. Os rios se formam pela força do fluxo d'água, que, aos poucos, vai formando o leito. Um carpinteiro transforma um pedaço de madeira para que se molde de forma a atender à função que ele quer. O carpinteiro usa ferramentas — a serra para cortar, a plaina para modelar e afiar, a lixa para nivelar as bordas e suavizar a superfície. Em outras palavras, a formação pode doer.

Certa vez, Martinho Lutero disse que a Palavra de Deus nos ataca. Ela tira as arestas, nos corta e nos amola para que nossa forma seja como Deus quer. Nós fomos moldados à imagem do primeiro homem, Adão. Nós estamos sendo remodelados à imagem do último Homem. Estamos sendo conformados à sua imagem. Lutero estava certo. A palavra de Deus nos ataca. Contudo, Lutero logo acrescentou que a palavra de Deus também nos conforta. E, ao nos atacar e nos confortar, a palavra de Deus opera para nos moldar e formar.

Essa é a palavra de Deus. Podemos confiar nela porque é a palavra de Deus para nós. Não é uma construção humana. Não é alguma filosofia que passará. A palavra de Deus permanece em todos os séculos. Em outras palavras, a Bíblia é o único livro suficientemente poderoso para transformar vidas. E é suficientemente poderoso porque é, verdadeiramente, a palavra de Deus.

Nós podemos confiar na palavra de Deus porque ela faz o que foi projetada para fazer. Para afirmar isso, às vezes olhamos para Isaías 55.11.

> Assim será a palavra que sair da minha boca: não voltará para mim vazia, mas fará o que me apraz e prosperará naquilo para que a designei. (Isaías 55.11)

Esse verso é, por si só, uma fonte de conforto. Quando olhamos para seu contexto, o impacto se torna ainda mais significativo. No Capítulo 2 e na análise de nossa confiança em Deus, examinamos a profecia da promessa de Deus de trazer Israel de volta para a terra depois de seu exílio. Esse é o mesmo contexto para Isaías 55. Libertar Israel de seus captores, fazendo a nação inteira voltar, é algo realmente grande. Evidentemente, o retorno do exílio é somente a sombra de um empreendimento ainda maior: o cumprimento de todas as promessas de Deus ao seu povo para restaurar o Éden e para, gentilmente, conduzi-lo aos Novos Céus e à Nova Terra. As grandiosas promessas de Deus não são palavras vazias. Elas se cumprirão. As promessas pequenas também. O mesmo vale para toda a Palavra de Deus.

Considere o contexto maior de Isaías 55.11 ao refletir sobre os versículos 10-13.

> Porque, assim como descem a chuva e a neve dos céus e para lá não tornam, sem que primeiro reguem a terra, e a fecundem, e a façam brotar, para dar semente ao semeador e pão ao que come, assim será a palavra que sair da minha boca: não voltará para mim vazia, mas fará o que me

apraz e prosperará naquilo para que a designei. Saireis com alegria e em paz sereis guiados; os montes e os outeiros romperão em cânticos diante de vós, e todas as árvores do campo baterão palmas. Em lugar do espinheiro, crescerá o cipreste, e, em lugar da sarça, crescerá a murta; e será isto glória para o Senhor e memorial eterno, que jamais será extinto. (Isaías 55.10-13)

A palavra de Deus se cumprirá. O que ele declara e promete acontecerá. Suas promessas se cumprirão de maneiras que nos surpreenderão e nos encherão de alegria. Suas promessas são garantidas e seguras. Quando descansamos na palavra de Deus, todas as nossas ansiedades começam a desaparecer e nós temos paz.

AINDA FUNCIONA?

A palavra de Deus pode acalmar as ansiedades de nosso tempo? Ela nos traz paz agora, em meio às complexidades de nossa época? Muitas vozes imploram por nossa atenção neste tempo. Estamos cercados por telas e aparelhos eletrônicos. Falam conosco o tempo todo. Essas vozes tentam nos afastar da clareza e da certeza da voz de Deus. Estamos vivendo em uma época em que a palavra de Deus é constantemente questionada, em que não é vista somente como inútil, mas também como a fonte do preconceito, da intolerância, da mente fechada e do pensamento obsoleto. *Olhe para a frente, não olhe para trás*, diz o mantra.

Nós podemos confiar na Bíblia? Essa é uma pergunta. Mas nós estamos vivendo em uma época em que a cultura ao nosso redor está perguntando: "Nós podemos confiar naqueles que leem a Bíblia? Eles não são perigosos?". Ou seja, nossa cultura constantemente nos pressiona a privatizar tudo aquilo em que acreditamos, a nunca nos posicionar em defesa do que acreditamos e de nossas convicções bíblicas, e até mesmo a rejeitar por completo nossas crenças.

Nós até podemos ter nossas Bíblias, mas não podemos levá-las a sério, nossa cultura diz. Certamente não podemos impor o que a Bíblia ensina às pessoas. Enquanto mantivermos nossas crenças na esfera privada, tudo ficará bem.

Esses ataques de nossa cultura confundem a Bíblia com um mero sistema de pensamento ou com alguma ideologia humana.

Suponha que alguns se tornem defensores da prática médica da sangria. Essa prática foi bastante popular até o século XVIII. Se praticássemos a sangria naquela época, ninguém estranharia. Mas, se um médico defendesse que deveríamos voltar a essa prática, seria corretamente expulso e até mesmo teria seu registro profissional cassado. Sangria era uma ideologia. Como todas ideologias, ela surgiu e depois passou. Sistemas de pensamento, ideologias, pontos de vista — são coisas que surgem e depois passam. Alguns até são úteis por um tempo, mas depois a época deles passa.

Contudo, quando abrimos nossas Bíblias, estamos nos envolvendo com algo completamente diferente. Não estamos ouvindo as palavras de homens antigos de algum lugar e época distantes e exóticos. Estamos lendo as próprias palavras de Deus. Não podemos simplesmente ignorar ou desconsiderar a Bíblia como se ela estivesse dessincronizada com nosso tempo.

Jonathan Edwards disse: "A sabedoria de Deus não foi dada somente para uma era específica, mas para todas as eras.

TEMPO DE CONFIANÇA

Certamente, somos impelidos a receber o que Deus revela como verdade e a refletir sobre sua Palavra".[16]

Às vezes temos uma impressão errada sobre Jonathan Edwards e sobre a época em que ele viveu. Ele nasceu em 1703 e passou a maior parte de sua vida na Nova Inglaterra puritana. Ele se mudou para Princeton, Nova Jersey, em janeiro de 1758. Por um curto período, ele foi reitor da Universidade de Princeton. Ele morreu no dia 22 de março de 1758, devido a complicações resultantes de uma vacina contra varíola.

Em seu retrato, ele aparece usando uma peruca branca com peitilhos genebrinos em sua toga preta, o que indicava sua vocação de pastor. Ele parece um puritano. Parece que ele vivia em uma bolha puritana, pregando para puritanos, vivendo entre puritanos, lendo os puritanos... você entendeu.

Na verdade, sua vida era bem diferente disso. Durante a maior parte do tempo como pastor da igreja em Northampton, Massachusetts, sua congregação queria afastar-se de sua herança puritana. As pessoas tinham seus próprios objetivos e seus próprios interesses, e não estavam preocupadas em viver as verdades que eram semanalmente apresentadas pelo pastor.

Em 1734 e 1735, Jonathan Edwards e a congregação em Northampton experimentaram um avivamento. Muitas outras igrejas no vale do rio Connecticut, nas colônias de Connecticut e Massachusetts experimentaram o mesmo. No outono de 1733, Edwards pregou alguns sermões duros. Um deles, que ele pregou em novembro de 1733, era intitulado:

---

[16] Jonathan Edwards, Sermon on 1 Corinthians 2:11-3 [Sermão em 1Coríntios 2.11-13], "Ministers Not to Preach Their Own Wisdom, but the Wisdom of God", 7 maio 1740, em Richard A. Bailey e Gregory A. Wills, *The Salvation of Souls* (Wheaton, Ill.. Crossway, 2002), 121.

"O Tipo de Pregação que as Pessoas Querem". Edwards começou seu sermão no Antigo Testamento mostrando que o povo de Deus nunca estava em falta de falsos profetas, "que sempre os lisonjeavam em seus pecados". Verdadeiros profetas repreendem o pecador. Falsos profetas permitem que os pecadores "desfrutem tranquilamente de seus pecados". Depois ele começou a falar sobre o desejo que as pessoas de sua própria época tinham por esses falsos profetas. Edwards prossegue: "se os ministros fossem enviados para avisar ao povo que eles podem satisfazer suas cobiças sem qualquer perigo, eles seriam ouvidos com muito entusiasmo e receberiam muita atenção". Ele acrescenta: "Eles prefeririam ter um Salvador que os salvasse em seus pecados a ter um Salvador que os salva de seus pecados".[17]

Edwards estava respondendo àqueles que, em sua época, pensavam que eram mais sábios do que a palavra de Deus. Ele também escreveu tratados para responder aos acadêmicos que pensavam que eram mais sábios do que a palavra de Deus. O mundo acadêmico da Inglaterra no tempo de Edwards estava fascinado com o novo pensamento do Iluminismo. Os deístas estavam no comando. Eles acreditavam que Deus criou o mundo e depois se afastou. Agora ele permite que o mundo funcione sozinho. Eles rejeitavam a ideia de que Deus revela sua vontade em sua palavra. Eles rejeitavam a doutrina da encarnação e da divindade de Cristo. Eles rejeitavam a possibilidade de haver verdadeiros milagres. Eles haviam "amadurecido". Os pensadores do Iluminismo e os deístas eram sofisticados demais para se submeter a um livro antigo.

---

17 Jonathan Edwards, Sermon on Micah 2:11 [Sermão em Miqueias 2.11], "The Kind of Preaching People Want", novembro de 1733, *The Salvation of Souls*, 60-62.

TEMPO DE CONFIANÇA

Os filósofos afetaram a Igreja. Em 1727, um grupo de pastores independentes se reuniu em Londres para debater a divindade de Cristo. Eles eram os descendentes diretos dos fiéis puritanos do século XVII. Eles fizeram uma votação sobre a divindade de Cristo, e a divindade de Cristo perdeu. Eram homens que deveriam saber mais do que qualquer outra pessoa, mas acabaram se rendendo aos caprichos da época.

Edwards acompanhava esse desenvolvimento. Ele não era um pastor provinciano. Ele tinha os livros mais recentes e mantinha-se atualizado sobre todas as novas ideias. Ele enxergava para onde essas ideias levariam as colônias americanas. Então, ele acionou o alarme.

Ele também percebeu quanto sua congregação poderia ser facilmente desviada por atividades erradas. Ele via quanto o mundanismo jazia à porta, pronto para dominar aqueles que, voluntariamente, cediam.

Então, ele não estava em uma bolha puritana. Ele interagia com sua cultura e com sua congregação. Ele pregava sermões e escrevia livros — todos defendendo a Bíblia.

Não estamos historicamente situados na aurora do Iluminismo, como Edwards. Nosso lugar é o ocaso do Iluminismo. Vivemos na aurora do pós-modernismo. Vivemos entre aqueles que rejeitam a Bíblia. Vivemos entre aqueles que caíram nas garras do mundanismo. O pecado também jaz à nossa porta.

Então, qual foi o conselho pastoral de Edwards? Ele direcionou sua congregação para a Bíblia. Ele debatia com pensadores do Iluminismo e com teólogos deístas com base na Bíblia. Ele olhava para a Palavra.

Como Edwards observou, a Bíblia é para todas as eras. Não é simplesmente a verdadeira palavra de Deus para o primeiro século. Não é simplesmente a palavra autoritativa de Deus para o primeiro século. Não é simplesmente a palavra necessária de Deus para o primeiro século. Não é simplesmente a palavra suficiente de Deus para o primeiro século.

É a palavra verdadeira, autoritativa, necessária, clara, suficiente para todos os séculos, incluindo o século XXI. É o que, às vezes, os teólogos chamam de atributos da Escritura. Assim como os atributos de Deus nos ajudam a aprender sobre Deus, os atributos da Escritura nos ajudam a aprender sobre a Escritura. O primeiro e mais importante atributo da Escritura é sua autoridade. A Escritura é autoritativa. Novamente, Pietro Martire Vermigli nos lembra que tudo se resume ao "Assim diz o Senhor". Se a Escritura é a palavra de Deus, ela é autoritativa.

Ao prosseguirmos no desenvolvimento da doutrina da Escritura, percebemos que estamos falando sobre inerrância e infalibilidade. Essas doutrinas procedem da doutrina da inspiração. É uma fórmula muito simples. A Escritura é a palavra de Deus. Essa é a doutrina da inspiração, a inspiração verbal e plenária. *Verbal* significa que as próprias palavras da Escritura são inspiradas. *Plenária* significa que toda a Escritura é inspirada, não somente as questões concernentes à fé, mas também as questões concernentes à história, as questões concernentes a Gênesis 1-3. Toda a Escritura, em cada uma de suas partes, é inspirada. É a palavra de Deus. E, se é a palavra de Deus — inspiração verbal e plenária —, então é verdadeira. Essa é a doutrina da inerrância e da infalibilidade da Escritura.

É aqui que começamos na doutrina da Escritura. Começamos com a autoridade da Escritura. Por causa da autoridade da Escritura, falamos da Escritura como necessária. Como criaturas, não precisamos ouvir outras criaturas. Precisamos ouvir o nosso Criador. A Escritura também tem o atributo da clareza. Ela é clara. Em sua mensagem fundamental, ela é compreensível. Você não precisa de um anel decodificador ou de tábuas secretas para descobrir o significado da Bíblia. Qualquer um com um mínimo de inteligência é capaz de ler a Bíblia e entender sua mensagem básica.

Mas os teólogos falam de um último atributo da Escritura. É o atributo da suficiência. É aqui que a coisa complica. Uma coisa é afirmar a inerrância; outra é acreditar que a Bíblia é suficiente para todas as áreas da vida e da piedade. E outra coisa ainda é pôr isso em prática.

Uma coisa é afirmar a inerrância ou a autoridade da Escritura; a Igreja também precisa lidar com os desafios da autoridade da Escritura na esfera pública. E nós precisamos fazer o mesmo em nossas famílias, em nossos bairros e entre as pessoas com quem moramos e trabalhamos. Precisamos defender a autoridade da Escritura. Muitos que se dizem evangélicos estão perdendo a firmeza em relação à inerrância e à autoridade da Escritura. Nós precisamos preservar esse limite, não importa os desafios que tenhamos de enfrentar.

Mas há outra preocupação e outra tarefa para a Igreja. Mediante a deterioração da reputação da Escritura na cultura, há o risco de sermos sutilmente influenciados a não olhar mais para ela. Começamos a nos perguntar se a Escritura realmente tem todas as respostas. Começamos a nos perguntar se todas as respostas da Escritura estão certas. Talvez a Escritura não seja mais tão suficiente. A vida no século XXI é bastante complexa. Talvez pensemos estar lidando com problemas tão complexos que precisamos buscar as respostas em outro lugar. Quando menos se espera, estamos afirmando a autoridade da Escritura em nossas declarações doutrinárias e, ao mesmo tempo, negando a autoridade da Escritura em nossa vida cotidiana.

A tentação é achar que a Bíblia se tornou ultrapassada. A tentação é achar que ela pode ser pode ser útil e inspiradora, e achar que é verdadeira *em alguns momentos, em alguns lugares, para alguns assuntos*, mas que não é completamente verdadeira. Todavia, existe algo simples que precisamos considerar: não é possível que a Escritura seja parcialmente inspirada ou parcialmente autoritativa. No instante em que falamos "parcialmente", nós é que decidimos quais partes são. Nós estamos nos colocando como uma autoridade acima da Escritura. A doutrina da autoridade e da inerrância da Escritura não é como granadas de mão ou como o jogo da ferradura. "Quase" não é suficiente.

Porque a Bíblia é a palavra de Deus, precisa ser levada a sério. Precisamos levar toda ela a sério. Precisamos escutá-la, submeter-nos a ela e segui-la. Muitos de nossos irmãos e irmãs em Cristo de gerações anteriores enfrentaram perseguições por suas convicções bíblicas. Muitos de nossos irmãos e irmãs ao redor do planeta enfrentam perseguições em nossos dias por suas convicções bíblicas. É provável que chegará a hora em que nós também enfrentaremos perseguições.

A tentação de se acomodar à cultura em vez de seguir a palavra de Deus provavelmente crescerá e se tornará mais intensa nos próximos dias e anos. Para a maioria de nós, a tentação não será a de negar a Bíblia por completo. Alguns farão isso e as consequências serão trágicas. Mas é uma tentação bastante óbvia e não seria levada em consideração pela maioria. A tentação será mais sutil. A tentação será a de simplesmente ignorar seus ensinamentos. Talvez nunca cheguemos a ponto de negar a Bíblia, mas passemos a ignorar o que ela ensina. A tentação para nos afastar da palavra de Deus nos persegue desde o Jardim do Éden. Mas há uma urgência em nossos dias. Não podemos relaxar, firmando-nos em uma falsa segurança. Em diversos lugares, os autores do Novo Testamento nos avisam sobre o risco de esmorecer em nossa luta contra a tentação e mandam que não sejamos ingênuos. Que estejamos atentos aos seus avisos! Em vez de nos afastar da Bíblia, devemos correr até ela e agarrar-nos nela. Que nossa confiança esteja na Bíblia, independentemente das consequências!

A BELEZA DA ESCRITURA

Além dos quatro atributos tradicionais da Escritura, há pelo menos mais um atributo: beleza. A Escritura é bela, pura, radiante e amável. Nós vemos esse atributo da Escritura refletido em todas as suas páginas. Contudo, não há lugar em que a beleza da Escritura brilhe mais esplendidamente do que nos Salmos. Os salmistas amam e admiram a palavra de Deus. Eles desejam pela palavra de Deus como anseiam por seu próprio sustento. O maior salmo, o Salmo 119, é um longo hino dedicado ao poder, à autoridade e à beleza da Bíblia. Como tal, não é uma palavra para o passado, mas é verdadeiramente uma palavra para todas as eras.

O Salmo 119 nos ensina pelo menos uma coisa que é contraintuitiva: a aflição e a perseguição são coisas boas. Contudo, antes de explorarmos essa questão, é importante fazer algumas considerações iniciais. O salmista não fica em busca de perseguição e aflição. Nós vemos isso até mesmo na Igreja primitiva sob o domínio de Roma. Quando o mandado de prisão de Policarpo foi emitido, ele começou a fugir de um lugar para outro até que acabou sendo encontrado. Nenhum daqueles primeiros cristãos entrava na arena e pedia para ser jogado às feras. Enfrentar a aflição e a perseguição não significa buscá-las ou provocá-las.

Em segundo lugar, nem todos os cristãos são chamados à aflição e à perseguição. Paulo não disse que a lição sobre o contentamento é ensinada tanto em tempos de necessidade como em tempos de abundância?

Nas décadas de 1620 e 1630, muitos pastores puritanos foram expulsos da Inglaterra e exilados para a Holanda ou para o Novo Mundo. Mas, na década de 1640, o Parlamento prevaleceu e eles foram recebidos de volta, alguns até de forma muito honrosa. Jeremiah Burroughs havia perdido seu púlpito e foi exilado para Roterdã em 1637. Depois, em 1641, ele foi convidado a voltar e chegou a pregar um sermão diante do parlamento.

Um dos livros mais úteis de Burroughs é seu pequeno tesouro intitulado *A rara joia do contentamento cristão*.[18] Somos chamados a ser fiéis a tempo e fora de tempo. Nem todos os cristãos são chamados à aflição e à perseguição. Às vezes, é difícil viver como discípulo fiel nos bons tempos.

Precisamos manter alguns desses princípios em mente enquanto exploramos o que a Bíblia ensina sobre a aflição e a perseguição e enquanto consideramos nosso atual contexto e o que pode estar em nosso horizonte. A maioria dos cristãos já experimentou o que significa não estar em sincronia com a

---

18 Jeremiah Burroughs, The Rare Jewel of Christian Contentment [A joia rara do contentamento cristão] (Edinburgh, Scotland: Banner of Truth, 1964).

cultura e as autoridades em vez de se alinhar a elas e, assim, contar com sua aceitação.

Esse é o caso do Salmo 119. Em seu longo hino dedicado à Palavra de Deus, o salmista declara:

> Assentaram-se príncipes e falaram contra mim, mas o teu servo considerou nos teus decretos. Com efeito, os teus testemunhos são o meu prazer, são os meus conselheiros. (vv. 23-24)

E declara.

> Venham também sobre mim as tuas misericórdias, Senhor, e a tua salvação, segundo a tua promessa. E saberei responder aos que me insultam, pois confio na tua palavra. (vv. 41-42)

E declara.

> Também falarei dos teus testemunhos na presença dos reis e não me envergonharei. Terei prazer nos teus mandamentos, os quais eu amo. (vv. 46-47)

E também.

> O que me consola na minha angústia é isto: que a tua palavra me vivifica. Os soberbos zombam continuamente de mim; todavia, não me afasto da tua lei. Lembro-me dos teus juízos de outrora e me conforto, ó Senhor. (vv. 50-52)

Como um diamante multifacetado, as 22 estrofes do Salmo 119 revela a profundidade e a forma da beleza e da verdade da revelação especial de Deus — uma beleza que sustenta e consola diante da perseguição, da aflição e do escárnio. Em cada estrofe, o salmista coloca nossos olhos diretamente na palavra de Deus, que está para sempre firmada no Céu (v. 89).

A Bíblia é *realmente* a palavra de Deus. Que possamos recebê-la pelo que ela realmente é, depositando nela nossa confiança!

CAPÍTULO QUATRO

CONFIANÇA EM CRISTO

> Qual é a extensão do reino do rei Herodes agora?
> Qual é a extensão do reino do Rei Jesus agora?
> —Sinclair B. Ferguson

> Livra-me, Senhor, de gloriar-me,
> exceto na morte de Cristo, meu Deus
> — Isaac Watts

Quando Martinho Lutero decidiu lidar com a crise na Igreja de sua época, agiu como um acadêmico. Ele sentou à sua mesa e redigiu uma série de declarações, ou teses, para um debate público. Em sua época, a Igreja ensinava que todos, desde os príncipes até os pobres, precisavam encontrar conforto nos santos, nas relíquias, nos sacerdotes e até em pedaços de papéis pouco convincentes que prometiam a redenção e a paz com Deus. Esse ensinamento deixou Lutero completamente sem paz, desiludido e até mesmo à beira da depressão.

Lutero argumentou que nenhuma dessas coisas merecia nossa atenção, nem mesmo uma olhada rápida. Aliás, todas essas coisas obscurecem a única coisa que devemos olhar: Cristo e este crucificado.

TESE 37

Lutero postou suas 95 Teses na porta da igreja do Castelo em Wittenberg, no dia 31 de outubro de 1517.[19] Existem duas teses que são especialmente úteis para nos levar a focar nossa atenção em Cristo e na cruz. A tese 37 diz: "Qualquer cristão verdadeiro, seja vivo, seja morto, tem participação em todos os bens de Cristo e da Igreja, por dádiva de Deus, mesmo sem carta de indulgência".

Nessa tese, Lutero utiliza uma frase em latim que tem uma história e tanto: *participatio omnium bonorum Christi*. Lutero deparou com essa frase pela primeira vez nos escritos de Tomás de Aquino. Os Reformadores pegaram essa frase e desenvolveram a ideia, formulando a profunda doutrina da união com Cristo. Estar em Cristo significa que participamos de todos os benefícios dele. Até quando Cristo estava sendo removido da cruz, o Pai cuidava dele. E, na ressurreição, o Pai o exaltou e derramou sobre ele todo o seu amor e tudo o que ele tem a oferecer. Somos coerdeiros com ele. O que significa estar "em Cristo"? Significa ser abençoado acima de toda medida, abençoado acima de toda compreensão.

Lutero também direciona nossa atenção para a cruz nas últimas teses de sua obra que transformou a história. Nas teses 92 e 93, ele declara: "Fora, pois, com todos esses profetas que dizem ao povo de Cristo: 'Paz, paz!' sem que haja paz! Que prosperem todos os profetas que dizem ao povo de Cristo: 'Cruz! Cruz!' sem que haja cruz!".

Aqui Lutero ecoa o profeta Jeremias. Um falso profeta proclama ao povo uma falsa segurança baseada em uma falsa paz.

---

19 Leia Stephen J. Nichols, *Martin Luther's 95 Theses* (Philipsburg, N.J.. P&R, 2017).

"Você está bem", diz o profeta. Na verdade, você não está bem. Na verdade, você se encontra tão longe de estar bem que nem sequer sabe. Então, você não tem paz.

O verdadeiro profeta diz "cruz". O verdadeiro profeta direciona o povo para cruz e para o que Cristo fez na cruz. Então, o que Lutero quer dizer com as palavras "sem que haja cruz"? Ele quer dizer que não há cruz para nós. Não há mais nada que ainda precisamos fazer. Cristo fez tudo. Ele carregou a cruz e realizou tudo. As palavras do próprio Cristo na cruz colocam um ponto de exclamação em tudo: "Está consumado!".

Em um tempo de intenso conflito pessoal e de conflito dentro da Igreja, Lutero olhou para Cristo e olhou para Cristo na cruz. Nós falamos do grito de guerra da Reforma, *sola fide* (pela fé somente) e *sola gratia* (pela graça somente). Na verdade, são simplesmente outras maneiras de dizer *solus Christus* (Cristo somente). Havia muitas distrações, muitos lugares falsos em que as pessoas haviam depositado sua confiança. Os Reformadores simplificaram as coisas. Os Reformadores colocaram todo o foco na única questão que realmente faz a diferença: nossa confiança precisa estar em Cristo.

O autor de Hebreus faz exatamente a mesma coisa. Hebreus é diferente de todas as outras epístolas do Novo Testamento. É uma carta anônima e não tem a saudação que costumamos encontrar em todas as outras epístolas. Mas sua retórica é impressionante. Os primeiros versos são uma obra de arte literária e contêm uma teologia tão bem apresentada que mexem com a mente e com a alma. O autor imediatamente coloca nossos olhos em Cristo: "o resplendor da glória" (1.3). No capítulo 2, o autor revela sua preocupação com o público. Ele implora que eles prestem atenção, para que não se desviem (v. 1). Depois desses dois capítulos como introdução, ele se volta para o assunto principal no capítulo 3, versos 1-6. O tema desse *tour de force* pode ser resumido em duas palavras — duas palavras que nos chamam a tomar uma atitude singular: pense em Jesus.

Nós encontramos as mesmas palavras no final do livro, no capítulo 12, verso 3. Nós precisamos pensar em Jesus. Ao lermos Hebreus, descobrimos por que precisamos pensar em Jesus. O autor está profundamente preocupado com a possibilidade de o público de seu livro desviar-se. A Igreja enfrentava inimigos externos e inimigos internos. Roma era um formidável inimigo externo. Como uma superpotência, Roma tinha muita força e usou essa força contra a nova seita dos chamados cristãos. A Igreja do Novo Testamento e a Igreja dos primeiros séculos era uma Igreja perseguida.

O inimigo interno era uma ameaça igualmente formidável. A apostasia e os falsos mestres ameaçavam desviar o povo. Então, o autor de Hebreus implora que seu público permaneça firme, sem vacilar e sem recuar. Na verdade, o autor diz para "conservarmos firme a confiança" (Hebreus 3.6). Essa confiança é em Cristo. Um capítulo depois, novamente, o autor de Hebreus diz: "Conservemos firmes a nossa confissão" e "Acheguemo-nos, portanto, confiadamente, junto ao trono da graça" (Hebreus 4.14-16).

O CONSUMADOR DA FÉ

O que descobrimos quando consideramos Cristo? Descobrimos que ele é verdadeiramente Deus (1.1-3). Descobrimos que ele é verdadeiramente homem (2.17-18). Descobrimos que ele é nosso Sumo Sacerdote, que pode salvar totalmente (4.14-16; 7.25; 10.11-14). Descobrimos que ele é melhor do que tudo o que veio antes dele. Descobrimos que ele é o Deus-homem que conquistou a nossa salvação através de sua perfeita obediência e de sua morte expiatória na cruz. Cristo é a revelação completa de Deus, o ápice e o pleno cumprimento de toda a revelação; ele é a consumação de todas as promessas de Deus. Se só tivéssemos o livro de Hebreus, quanto saberíamos sobre Cristo? O suficiente para nos encantar e adorá-lo eternamente.

O autor enfatiza esses temas ao longo de todo o livro e depois novamente recomenda que olhemos para Jesus: "o autor e consumador de nossa fé" (12.2). Observe, então, as três coisas que são ditas:

1. Jesus suportou a cruz
2. Jesus desprezou a vergonha
3. Jesus é vindicado ao se assentar à destra do Pai

A cruz era o símbolo romano da vergonha, reservada aos criminosos mais hediondos, às escórias da sociedade. Jesus foi expulso, rejeitado. A afronta que ele recebeu é quase inimaginável, muito menos experimentada pela vasta maioria dos seres humanos. Apesar disso, ele foi vitorioso, ele foi vindicado e ele foi exaltado.

Ao considerarmos que Cristo perseverou (12.3), nós também podemos perseverar (v. 7). Novamente, a retórica do autor de Hebreus é impressionante. "Por isso, restabelecei as mãos descaídas e os joelhos trôpegos; e fazei caminhos retos para os pés, para que não se extravie o que é manco; antes, seja curado" (vv. 12-13).

Para o público que enfrentava inimigos externos e internos, para um público vacilante, para um público frágil e debilitado, o autor de Hebreus simplesmente diz: "Pense em Jesus". Quando fazemos isso, podemos permanecer firmes. Quando fazemos isso, podemos ter confiança.

Nós vemos a mesma coisa em 1Pedro. O capítulo 3 fala sobre nossos inimigos e sobre aqueles que se opõem à fé. Aqui, Pedro fala sobre o sofrimento de seu público por causa da justiça. Diante dessa oposição, ele lhes diz: "Não vos amedronteis, portanto, com as suas ameaças, nem fiqueis alarmados; antes, santificai a Cristo, como Senhor, em vosso coração, estando sempre preparados para responder a todo aquele que vos pedir razão da esperança que há em vós, fazendo-o, todavia, com mansidão e temor" (vv. 14-15).

Costumamos citar esse verso para falar sobre apologética, a defesa da fé. Mas aqui vemos Pedro falando sobre como se posicionar diante do sofrimento e da perseguição. Honrar a Cristo, o Senhor, como santo em nossos corações enfatiza a importância e a necessidade de nossa identidade em Cristo. É quem nós somos. Nós estamos em Cristo. Portanto, podemos permanecer firmes.

SPQR

Pedro nos explica o que significa estar em Cristo, o que significa participar de todos os seus benefícios. Em 1Pedro 2.9, ele diz que nós somos "raça eleita, sacerdócio real, nação santa, povo de propriedade exclusiva de Deus". Não éramos povo (2.10). Não tínhamos esperança ou direção. Agora, somos um povo.

Se você morasse em Roma no primeiro século, haveria uma sigla que você veria em quase todos os lugares. Até mesmo aqueles que viajam para Roma nos tempos modernos veem essa frase. Está escrita bem debaixo de seus pés, nas tampas de bueiros, enquanto se caminha pelas ruas antigas. SPQR é a sigla para a frase latina *Senatus Populusque Romanus*, que significa "o Senado e o povo romano". Essa sigla, que está em todo lugar, enfatizava os benefícios de ser um cidadão romano. Havia grandes privilégios em ser romano e havia uma longa e lendária história que era motivo de muito orgulho. SPQR — *nós somos romanos e tudo isso é nosso*.

Pedro menciona uma identidade muito maior, mais privilegiada e mais significativa. Considere os adjetivos *eleita*, *real*, *santa*. Considere os substantivos *raça*, *sacerdócio*, *nação*, *povo*. Nós somos tudo isso como o povo de Deus — em Cristo e através de Cristo.

Ser um cidadão romano envolvia mais do que simplesmente receber privilégios. Também envolvia obrigações. Ser romano significava viver como um romano. Também é assim em relação à nossa cidadania em Cristo. Somos privilegiados, mas também temos obrigações. Resumindo, a obrigação é ser santo (1.15). Ao longo da epístola, Pedro dá mais detalhes sobre esse amplo mandamento de ser santo através de muitas obrigações específicas. Leia a lista de 1Pedro 2.11-17 em outros lugares da epístola.

Pedro também usa nossa identidade em Cristo para nos ensinar mais uma coisa. Todos nós sofreremos perseguição. Não devemos estranhar "a ardente prova que vem sobre vós" (4.12). Não devemos nos abalar. Em vez disso, precisamos estar firmes (5.12). Como no livro de Hebreus, vemos novamente esse tema recorrente: *Pense em Jesus e permaneça firme*.

TEMPO DE CONFIANÇA

Leia o Novo Testamento em busca desse golpe duplo e você verá que está em todas as páginas. Nós precisamos pensar em Jesus porque nossos desafios são muito grandes. Precisamos permanecer firmes porque Jesus é muito maior. Podemos dizer isso de outra maneira. O que aprendemos com os autores das epístolas do Novo Testamento sobre o que é importante para a Igreja e para a vida cristã? Invariavelmente, aprendemos que eles querem que permaneçamos firmes e que sejamos perseverantes. Por que eles se preocupam com isso? Porque a oposição é grande, porque há desafios e porque a vida cristã é difícil. Enfrentamos desafios externos, da cultura. Enfrentamos desafios dentro da Igreja, dos falsos mestres. Também enfrentamos desafios dentro de nós mesmos, por causa de nossa natureza pecaminosa.

Mas os autores bíblicos não dizem apenas para permanecermos firmes; eles dizem, como já vimos, onde devemos nos firmar. Não nos firmamos em nosso status na sociedade. Não nos firmamos em nossa própria força ou capacidade. Nós nos firmamos em Cristo e nos firmamos no evangelho.

Nossos desafios são grandes, mas Cristo e o evangelho são muito maiores. A urgência também é grande.

Os dias 17 e 18 de abril de 1521, na Dieta de Worms, foram momentos decisivos na vida de Martinho Lutero. Ele acreditava que, finalmente, teria a oportunidade de debater com a Igreja. O debate não aconteceu. Em vez disso, os oficiais exigiram que ele se retratasse e renunciasse aos seus escritos. Lutero pediu um dia para responder. Ele passou a noite agonizando em oração. O sol nasceu, o dia seguinte chegou e Lutero, usando sua túnica simples de monge, apresentou-se diante da dieta imperial com todos os ministros da Igreja e do tribunal reunidos contra um monge solitário. Novamente, os oficiais perguntaram a Lutero: "Você vai se retratar?". E Lutero respondeu com seu famoso discurso:

> Vossa Majestade Imperial e Vossas Excelências exigem uma resposta simples. Aqui está ela, simples e sem adornos. A menos que eu seja convencido de estar errado pelo testemunho das Escrituras (pois não confio na autoridade sem sustentação do papa e dos concílios, uma vez que é óbvio que, em muitas ocasiões, eles erraram e se contradisseram) ou por um raciocínio manifesto eu seja condenado pelas Escrituras a que faço meu apelo, e minha consciência se torne cativa da Palavra de Deus, não posso retratar-me e não me retratarei acerca de nada, já que agir contra a própria consciência não é seguro para nós, nem depende de nós. Aqui permaneço eu. Não posso fazê-lo de outra forma. Que Deus me ajude! Amém.[20]

Eu já ouvi R. C. Sproul falar sobre esse momento da vida de Lutero muitas vezes. Ele memorizou o discurso de Lutero e conhece todos os mínimos detalhes do evento. Sproul explica o significado da famosa frase de Lutero: "Quando Lutero diz, 'Aqui permaneço eu', ele não estava falando de ficar parado, mas de permanecer firme". Nós permanecemos firmes e, como Sproul dizia, permanecemos firmes não somente pelo dia de hoje, não somente pelo dia de amanhã, mas pelas gerações, talvez pelos séculos vindouros. Permanecer firme significa avançar e olhar para a frente. Esta não é a hora de recuar. Também não é a hora de manter o *status quo*. Precisamos avançar urgentemente.

---

20 *Luther's Works*, v. 32, 112-13.

Mas o que significa avançar? Para ajudar a responder a essa pergunta, considere uma frase de Dietrich Bonhoeffer. Ele disse certa vez: "Um rei que morre na cruz certamente é o rei de um reino bem estranho".[21] Bonhoeffer aponta para a direção certa.

A COMUNHÃO DE SEUS SOFRIMENTOS

Temos analisado essa doutrina tão rica da união com Cristo. Porque estamos unidos com Cristo, somos levados a participar de todos os benefícios que Cristo recebe e que Cristo tem. É algo que gostamos de celebrar.

Paulo nos ajuda a enxergar isso em Filipenses 3.10. Na primeira metade do verso, vemos o que significa estar em Cristo e o que significa participar de tudo o que ele realizou. Paulo quer que "nós o conheçamos e que conheçamos o poder da sua ressurreição". Se houvesse um ponto-final bem aqui, esse seria um versículo maravilhoso. Mas não há ponto-final. Paulo acrescenta algo sobre o que precisamos refletir, mesmo não gostando. Paulo prossegue dizendo: "[...] e a comunhão dos seus sofrimentos, conformando-me com ele na sua morte".

Nós nos apegamos à parte da união com Cristo que significa perdão de pecados, que significa a vitória sobre todos os nossos inimigos, incluindo o pecado e a morte, que é a vitória absoluta. Gostamos de ressuscitar em novidade de vida em Cristo. No entanto, estar unido a Cristo também significa que participamos de seus sofrimentos e que, como Paulo diz aqui, nós nos tornamos como ele "na sua morte". O que isso significa?

---

21 Dietrich Bonhoeffer, "Jesus Christ and the Essence of Christianity", 11 dez. 1928, 1928, em *Dietrich Bonhoeffer Works*, v. 10 (Minneapolis: Fortress, 2008), 357.

A MESA DAS PESSOAS LEGAIS

Quando refletimos sobre nossa época, quais são as implicações do ensino de Paulo para nós? Se pensarmos especificamente em termos do cristianismo e do evangelicalismo da América do Norte, podemos pensar na última geração. Usando um período de quarenta anos, podemos considerar os evangélicos americanos da década de 1970 até os anos 2000.

Olhando para essa geração, vemos surgir o Movimento de Jesus. O Movimento de Jesus era conhecido por seu sinal, um dedo apontando para cima, que significava: "O Único Caminho". Muitos que faziam parte do Movimento de Jesus eram ex-hippies. Muitos eram músicos. Então, nessa mesma época, vemos o início do movimento da Música Cristã Contemporânea, que passaria a constituir uma importante fatia do mercado no mundo da música americana e que seria o início de toda uma indústria de produtos cristãos.

Também vemos essa geração saindo de debaixo da nuvem que pairava sobre os cristãos conservadores desde o tempo do julgamento de Scopes. Após, em 1925, os cristãos teologicamente conservadores foram marginalizados na cultura e, de certa forma, bateram em retirada. De repente, em 1976, a revista *Time*, que não é uma revista conservadora, declarou que aquele era o "Ano dos Evangélicos". Nós tínhamos chegado. O homem sentado à mesa do Salão Oval dizia ter nascido de novo e todo mundo amava Billy Graham. A década de 1980 pareceu ainda melhor.

Olhando para a geração da década de 1970 até os anos 2000, pode-se dizer que os evangélicos tinham influência política e cultural. Alguns que olham para trás se surpreendem com a extensão dessa influência. Alguns já chegaram a descrever esse momento como o "mito da influência". Contudo, evangélicos e cristãos conservadores desfrutavam determinada posição dentro da cultura americana nessa época.

Agora, estamos na década de 2010 e olhando para a próxima geração. Se essa primeira década da próxima geração serve para indicar o rumo que as coisas vão tomar, nós nos encontraremos em uma situação cultural muito diferente da geração anterior.

Lembro-me do meu tempo no ensino fundamental e da "mesa das pessoas legais" no refeitório. Todo mundo queria sentar com as pessoas legais — ou pelo menos todo mundo agia como se quisesse. Os evangélicos podem ter sentado à mesa das pessoas legais em diversos momentos entre a década de 1970 e a década de 2000, mas agora estamos descobrindo que eles não querem mais que sentemos lá.

Russell Moore explica essa nova dinâmica com uma história envolvendo um amigo de faculdade. Há alguns anos, esse amigo ligou para Moore para que ele recomendasse uma igreja. O dr. Moore respondeu com alegria, expressando quanto era maravilhoso ouvir que seu velho amigo se tornara cristão. Contudo, seu antigo colega de classe rapidamente esclareceu que ele não era cristão. O que tinha acontecido era que ele se candidatara a um cargo político e sabia que tinha de ser membro de uma boa igreja para ter chance de ganhar. Naquele tempo, era assim. Moore comenta que agora a membresia na igreja pode até prejudicar nas eleições. Moore também diz que talvez isso não seja tão ruim. Os oportunistas não herdarão o reino dos céus, parafraseando os Evangelhos. Talvez as novas mudanças culturais de nossa época sirvam como um filtro saudável. Talvez seja o notório lado positivo em meio ao problema.

Mas o problema não deixa de existir. Estamos bem no meio desse movimento cultural novo, diferente e confuso. Temos descoberto que a mesa das pessoas legais não quer mais que nos sentemos com elas. Então, há novas perguntas que precisamos fazer sobre o que significa ser cristão em nossa cultura. Talvez essas mudanças culturais sejam boas. Talvez sirvam para sacudir todas aquelas estruturas que são "culturalmente cristãs" ou nominalmente cristãs, deixando de pé somente um edifício que é biblicamente cristão.

Também é possível descobrirmos que estamos em boa companhia. De muitas maneiras, temos mais em comum com a igreja da era do Novo Testamento do que a Igreja americana ou ocidental das gerações passadas. Muitos de nossos irmãos e irmãs ao redor do mundo experimentam o mesmo tipo de perseguição e marginalização cultural que constantemente encontramos nas páginas do Novo Testamento. Suas experiências refletem diretamente as experiências dos crentes do tempo do Novo Testamento.

Ao percebermos mudanças e rupturas em nossos dias, é possível descobrirmos que nossas vidas e experiências são cada vez mais parecidas com as vidas e a experiência da Igreja do Novo Testamento. Em última análise, talvez percebamos que estamos na companhia de nosso Salvador, o Rei que morreu na cruz, o Rei daquele reino bem estranho que Bonhoeffer mencionou.

Para nós, talvez essa marginalização cultural seja uma novidade. O sofrimento e a perseguição são uma novidade para a Igreja americana ou ocidental nesse novo contexto cultural. Ao adentrarmos cada vez mais no que tem sido chamado de cultura "pós-cristã", será que vamos descobrir que essa experiência, "a comunhão dos seus sofrimentos", será uma realidade mais próxima de nossa experiência? É possível que aumente nossa experiência de "nos assemelharmos a ele na sua morte".

Nós transformamos a cruz em uma joia. Formada a partir de metais preciosos, como um adorno, as pessoas penduram a cruz no pescoço. Era um símbolo de execução no primeiro século. Certa ocasião, Derek Thomas disse que é como colocar um pingente com a forma de uma seringa ou de uma cadeira elétrica em um cordão. A cruz não representava somente a execução; era reservada à execução dos que eram considerados escórias. Na cultura romana, a cruz era simplesmente o símbolo da vergonha. A cruz representava a rejeição máxima, alguém que não está simplesmente às margens da sociedade, mas que já está completamente fora dela. É o símbolo que está no centro de nossa identidade como Igreja e é usado por Jesus para expressar a essência do discipulado (Mateus 16.24).

A cruz é um símbolo de vergonha e um símbolo de fraqueza. Quando dizemos que nossa confiança precisa estar em Cristo, estamos fazendo uma declaração multidimensional. Por um lado, vemos que, hoje, Cristo reina como um Rei. Costumamos falar sobre o tríplice ofício de Cristo — profeta, sacerdote e rei; então, como Rei, ele reina. Ele reina sobre todas as coisas. E esse é certamente um bom motivo para estarmos confiantes. Cristo é Rei. Cristo reina. Não é que ele reinará no futuro. Ele reina agora. Esse é um motivo para estarmos confiantes.

Mas há outro motivo para estarmos confiantes e que está ligado ao que a cruz representa. Como símbolo da vergonha, do sofrimento, da perseguição e da oposição, a cruz parece completamente contraintuitiva. Nossa tendência é buscar o prazer e evitar a dor. Então, participar da comunhão dos sofrimentos de Cristo parece algo contraintuitivo e contraproducente. Também é contracultural. Aqui nós aprendemos algo profundo sobre a fraqueza.

Paulo não somente nos dá muito para refletir em Filipenses 3.10, como também oferece sua própria experiência em uma intrigante reflexão autobiográfica em 2Coríntios 12. Esse texto também oferece uma oportunidade para Paulo exercer o dom do sarcasmo. Há indícios de sarcasmo em lugares como 2Coríntios 11.5, onde Paulo fala sobre os "mais excelentes apóstolos". Ele considera os dois capítulos de 2Coríntios 11-12 um exercício de tolice. Ele se vangloria. Tudo serviu para responder às críticas que eram levantadas contra Paulo por seus inimigos e até mesmo por aqueles que deveriam ser seus amigos. Mas, em meio ao sarcasmo e à tolice, encontramos um dos textos mais edificantes dos escritos de Paulo.

Quando chegamos a 2Coríntios 12, Paulo já nos informou sobre muitas de suas realizações. Essas realizações eram suficientes para estabelecer suas credenciais e para silenciar seus adversários. Mas, nesse capítulo 12, Paulo descreve algo surpreendente.

Ele se recorda de uma visão sua — uma visão tão intensa e tão profunda que transcende a expressão verbal e está além da possibilidade de descrição. Ele viu e ouviu coisas que estão além da compreensão (vv. 2-4). Depois, ele finca seus pés na terra e nos conta sobre "um espinho na carne", sua constante fraqueza. Precisamos observar duas coisas.

Primeiro, se nossa reputação e nossa autoridade estivessem em jogo, sendo desafiadas, o que escolheríamos para nos defender? Usaríamos a visão? Ou usaríamos o espinho e a fraqueza? Usaríamos a visão. Escreveríamos um livro sobre nossa experiência de alguns minutos no Paraíso, organizaríamos congressos e daríamos muita ênfase a essa nossa experiência. Esse não é o caso de Paulo. Paulo só mencionou a visão para enfatizar outra coisa.

Paulo usa sua fraqueza como palco para defender sua autoridade e seu ministério. Essa precisa ser a primeira coisa que observamos. A segunda coisa que precisamos observar é o contexto cultural e como ele só serve para intensificar o uso que Paulo faz do espinho na carne em vez de enfatizar a experiência transcendental.

Roma valorizava o poder e a força. Roma desprezava a fraqueza. Já mencionamos essa ideia, a qual é crucial para a compreensão do contexto cultural dos livros do Novo Testamento. Que Cristo morreu na cruz, que Cristo é o líder dessa nova seita e que seus seguidores, chamados "cristãos", adotaram a cruz como o símbolo que os define — tudo isso vai na contramão do poder e da força celebrados por Roma. O amor pelos inimigos como uma ética cristã recorrente? Isso também coloca você fora de sintonia com Roma.

Agora, aqui em 2Coríntios 12, Paulo usa a fraqueza para se defender quando deveria ter usado a força.

Roma valorizava a forma física, o poder e a beleza. Com base no que sabemos, Paulo não tinha nenhuma dessas qualidades. Ele tinha muita experiência de vida. Como aprendemos em 2Coríntios 11, Paulo sofreu naufrágio, foi preso e apanhou. Quando sua vida estava em perigo, tiveram de fazê-lo descer uma muralha dentro de um cesto. Tudo isso teve efeitos negativos. Ficamos com a impressão de que Paulo estava aquém dos padrões romanos para os líderes nas categorias de aparência e presença de palco.

Em última análise, não sabemos o que era o "espinho na carne". Paulo não diz. Só podemos especular. Muita tinta já foi utilizada em defesa de diversas teorias por inúmeros comentaristas. A verdade é que Paulo não diz. Contudo, precisamos focar nossa atenção no que ele de fato diz.

Paulo não aceitava o espinho em sua carne. Três vezes ele rogou a Deus que tirasse dele o espinho. Paulo não queria saber dele. Depois, Paulo aprendeu o que Deus estava ensinando por intermédio dele. Certa vez, Charles Spurgeon comentou: "Nós temos algo a aprender, espero, nos radiantes campos da alegria, mas estou mais convencido de que lá não aprendemos nem um décimo do que aprendemos no vale da sombra da morte". O espinho de Paulo o mandou para a escola. Paulo tinha ido à escola muitas vezes e tinha muito a mostrar por isso. Mas essa escola e esse aprendizado se destacavam.

Quando Paulo percebeu que Deus não removeria o espinho, aprendeu algo. Em 2Coríntios 12.9, Paulo registra as palavras que Deus falou diretamente com ele. Enquanto Paulo escreve estas palavras, é como se estivesse ouvindo-as pela primeira vez: "Minha graça é suficiente para você, pois o meu poder se aperfeiçoa na fraqueza".

Cada uma dessas palavras é muito significativa.

Minha... Isso vem de Deus, nosso Deus, que nos trouxe para si. A guerra acabou e nós estamos em paz com o santo Deus. Deus não é o distante, totalmente outro. Em vez disso, ele se dirigiu a Paulo diretamente e usando o pronome pessoal.

Graça... A misericórdia já seria motivo suficiente para celebrar, mas Deus nos dá riquezas além do que merecemos. Deus é gracioso, amável, bondoso e generoso. A misericórdia retém o juízo. A graça vai além.

Suficiente... Deus nos conhece intimamente. Ele sabe como suprir nossas verdadeiras necessidades.

Poder... Essa palavra que os romanos cobiçavam? Deus é a fonte. O poder de Deus faz Roma parecer um castelo de areia.

Aperfeiçoa... Puro e sem mácula, sem defeito ou mancha — o que Deus realiza é completamente íntegro e é realizado até o último grau.

Fraqueza... Diante de Deus, somos fracos, frágeis e incapazes. Contudo, por intermédio de Deus e de sua graça, prevalecemos contra nossas fraquezas e estamos acima delas.

Cada palavra nessa frase é significativa. Mas eu creio que a palavra-chave aqui é o verbo, a palavra *é*.

Já mencionamos duas coisas que precisamos observar para entender esse texto. Nós vimos que Paulo usa o espinho na carne, e não a visão para defender e afirmar sua autoridade e seu ministério. Também vimos como essa ideia se mostra mais intensa quando consideramos o contexto cultural. Há uma terceira coisa que precisamos observar: a cronologia da passagem e o significado do verbo *é*.

Paulo menciona que essa visão e essa revelação aconteceram há 14 anos (12.2). Paulo escreveu essa segunda carta para a igreja em Corinto por volta de 55 d.C. Retroceder 14 anos nos colocaria no ano de 41 d.C. Os estudiosos defendem que a data da conversão de Paulo aconteceu em algum momento entre 33 e 36 d.C. O mais provável é que tenha sido em 34 d.C.

A cronologia significa que Paulo aprendeu essa lição intensa e pessoal sobre o poder e a graça de Deus depois de sua conversão. Sete anos após a conversão de Paulo, Deus o trouxe de volta à sala de aula, para que ele recebesse a mais importante lição. A graça de Deus e o poder de Deus não estão presentes somente em nossa conversão.

Em nossa conversão, reconhecemos que chegamos ao fim de nós mesmos, damo-nos conta de nossa completa incapacidade e, então, olhamos para Cristo. O que Paulo aprende aqui é que continuamos a olhar. Nós vivemos a vida cristã pela graça e pelo poder de Deus. Paulo não somente aprendeu essa importante lição sete anos depois de sua conversão, como também aprendeu que a graça de Deus é suficiente. A palavra-chave nesse belo Monte Everest de textos é o verbo no Presente do Indicativo. A graça de Deus não é somente para o passado. A graça de Deus flui livremente no presente e continuará no futuro.

Duas implicações surgem disso. Uma é que a graça de Deus é suficiente para salvar, mas também é suficiente para nos preservar e para vir ao nosso encontro em cada curva da vida cristã.

Essa é uma das principais lições que o principal personagem de John Bunyan, o Cristão, aprende ao longo de sua jornada para a Cidade Celestial em *O peregrino*. Diante das muitas adversidades, Cristão aprende a depender da graça de Deus, a rememorar o que aconteceu quando ele foi até a cruz e o fato de que seu fardo foi removido de suas costas, lembrando-se, então, de olhar para Cristo, e não para sua própria força. Novamente, graças a Lutero, nós cantamos: "Nós confiamos em nossa própria força? Nossos esforços resultariam em derrota".

Então, a primeira implicação é que entramos na vida cristã inteiramente pela graça e pelo poder de Deus, e que também vivemos a vida cristã pela graça e pelo poder de Deus. A segunda implicação é a seguinte: nós somos fracos. Nós entramos na vida cristã e vivemos a vida cristã pela graça e pelo poder de Deus porque não há alternativa. Não temos nada a oferecer e não temos onde firmar nossos pés.

Admitir a própria fraqueza é a chave para depositar confiança em Cristo. Admitir a própria fraqueza é a chave para aprender o que significa ter comunhão com Cristo em seu sofrimento e conformar-se com ele na sua morte.

Paulo encerra esse episódio autobiográfico dizendo o seguinte: "De boa vontade, pois, mais me gloriarei nas fraquezas, para que sobre mim repouse o poder de Cristo. Pelo que sinto prazer nas fraquezas, nas injúrias, nas necessidades, nas perseguições, nas angústias, por amor de Cristo. Porque, quando sou fraco, então, é que sou forte" (2Coríntios 12.9-10).

Parece-me que essa lista é o exato oposto da típica "carta de Natal". Sabe do que estou falando? Você já recebeu cartas de amigos e familiares na época do Natal que descrevem as grandes realizações de todos os seus filhos naquele ano? Cartas que afirmam que um filho vai passar o verão estudando em Harvard, depois vai com a Nasa para a Estação Espacial Internacional e, em seguida, vai celebrar seu aniversário de 16 anos? Sim, essas cartas.

Imagine a carta de Natal de Paulo. Ou imagine a carta missionária de Paulo para as igrejas apoiadas.

> Prezados Patrocinadores,
>
> Nesse ano que passou, fui perseguido e açoitado algumas vezes. Em muitas ocasiões, eles me expulsaram da cidade. Além disso, lamento pela forma como saiu na imprensa, mas eu fui preso e passei um tempo na cadeia. Mencionei os insultos?
>
> Atenciosamente,

Paulo

Nessa lista de itens que Paulo cita, não há nada que apreciemos, não há nada pelo qual nos sintamos naturalmente atraídos ou que seja o objetivo de nosso desejo. Contudo, Paulo nos diz que essas coisas não somente caracterizam sua vida e seu ministério, mas também que são as coisas que permitem que sua vida e seu ministério glorifiquem Cristo e glorifiquem o poder de Cristo.

Cristo também sofreu. Lançaram insultos contra ele. A fraqueza de Cristo imediatamente tornou-se visível a todos quando ele sucumbiu debaixo do peso da cruz em seu caminho para a morte.

A fraqueza de Cristo começou já no princípio. Ele entrou neste mundo e encarnou-se em fraqueza. Não vamos nos esquecer de que Maria era pobre e que o nascimento de Jesus aconteceu em meio a circunstâncias de apreensão — na verdade, escandalosas. E, depois, o próprio nascimento. Jesus, o Senhor, não entrou neste mundo no cômodo de um palácio, mas em um estábulo de animais. E, logo depois de seu nascimento, o megalomaníaco Herodes ordenou a chacina das crianças de Jerusalém e Raquel chorou por seus filhos (Mateus 2.13-23).

O Museu de Arte de Filadélfia abriga a versão de Massimo Stanzione do *Massacre dos Inocentes*. A pintura barroca tem quase dois metros de altura e mais de dez metros de largura. É impressionante, assustadoramente impressionante. As mães e os infantes estão desamparados e se encontram em uma situação de completo desespero. A angústia altera as feições de seus rostos. Mas os soldados são primorosas amostras da força humana, com seus músculos esculturais, prontos para aplicar a força bruta. Não é possível simplesmente passar por esse quadro. Você precisa parar. Uma mera pintura dessa tragédia é suficiente para deixá-lo assustado. Mas o massacre dos inocentes foi um evento real.

José e Maria pegaram seu filho infante e fugiram para o deserto do Egito. Décadas depois, em meio ao deserto, Jesus enfrentou as mais severas tentações. Quando a hora chegou para Jesus anunciar seu ministério público, houve calamidades e perseguições. No momento mais tenebroso para Jesus, ele foi abandonado por seus amigos e confidentes mais íntimos. Olhar para o Cristo encarnado proporciona muitas oportunidades para ver dificuldades e calamidades, insultos e perseguições, além de demonstrações de fraqueza.

Quando consideramos o Cristo encarnado, o que nós vemos? Não vemos um Sumo Sacerdote frio e distante. Nós vemos aquele que foi aperfeiçoado através do sofrimento (Hebreus 2.10). Nós vemos um Sumo Sacerdote que é completamente solidário com nossa fraqueza. Nós vemos que ele não somente passou pelo vale da sombra da morte, mas também pela própria morte. Somos levados a ver que sua força e seu poder resplandecem em nossa fraqueza.

ENTÃO NÓS SUPORTAMOS

No final de sua obra magistral, as *Institutas da Religião Cristã*, Calvino volta a atenção para o governo civil. O último capítulo do último livro das Institutas — o Livro 4, Capítulo 20 — é sobre nossas vidas como cidadãos da esfera cívica. Calvino reconhece que o capítulo talvez pareça fora de lugar, mas é somente à primeira vista. Ele nos informa: "De fato, ainda que tal explanação pareça estranha à teologia e à doutrina da fé que tratamos, o andamento da matéria provará que é oportuno estudá-la; sou compelido a fazê-lo". Calvino acreditava que era necessário porque o governo civil é ordenado por Deus e tem propósitos muito úteis. Calvino declara que o governo civil promove "a forma pública da religião entre os cristãos, e faz com que a civilidade se estabeleça entre os homens".[22]

Calvino queria ajudar seus leitores a aplicar toda a teologia que ele vinha ensinando desde o Livro 1, Capítulo 1, até o Livro 4, Capítulo 19. Ele queria que seus leitores vissem como poderiam viver teologicamente e como deveriam aplicar a teologia às questões da vida no mundo que nos cerca.

Ao explicar o relacionamento do cristão com o Estado, ele nos informa que os magistrados civis são ordenados por Deus, que os magistrados têm o direito de exercer a força e administrar castigo e que o governo pode até arrecadar impostos. Ele lida com a questão da relação entre as leis civis e as leis bíblicas, bem como com a questão da obrigação cristã de obedecer. Calvino nos ajuda a entender como viver bem e com sabedoria como cidadãos.

Depois, ele nos diz o seguinte: "É verdade que, com tais sentenças, Cristo exige que o coração de seus servos esteja de tal modo livre do desejo de represália que antes prefiram o dobro da injúria a retribuí-la, tolerância esta da qual não pretendemos afastar os fiéis. De fato, é necessário que os cristãos se comportem como um povo nascido e criado para sofrer injúrias e afrontas, perversidades, imposturas e zombarias de gente da pior espécie. Não somente isso, mas devem suportar todos esses males com paciência, isto é, com o coração de tal

---

[22] CALVINO, João. *Institutas da Religião Cristã*. São Paulo: Cultura Cristã, 2018, Livro 2, Capítulo 20.

modo disposto que, ao receber uma injúria, estejam prontos para a seguinte, sem nada prometer a si mesmos senão a constância de carregar a cruz por toda a vida".[23]

Calvino está falando de algo importante referente à nossa união com Cristo e à nossa confiança em Cristo, independentemente dos resultados externos e independentemente das prioridades culturais.

Calvino também aborda o possível conflito entre a obediência ao governo humano e a obediência à lei de Deus. Em conformidade com o ensino e o exemplo da Bíblia, como o exemplo de Pedro em Atos 5.29, ele declara que devemos seguir a Deus. Depois, Calvino prevê um tempo em que esse conflito acontecerá. Calvino pressupõe que os cristãos estarão "prontos a sofrer qualquer coisa para não nos desviarmos de sua santa Palavra".[24]

Isso não pode ser ignorado. Isso é dito no último parágrafo das *Institutas*. Quando chegar a hora do conflito, o conflito entre as instruções de Deus na Escritura e as leis da nação, o cristão não pode ceder, não pode recuar. Em vez disso, o cristão precisa manter-se firme na lei de Deus — não importam as consequências. Que venhamos a estar muito mais "prontos a sofrer qualquer coisa para não nos desviarmos de sua santa Palavra". Calvino, então, acrescenta um apelo final: "Cristo pagou um alto preço para nos redimir, a fim de que não fôssemos escravos dos maus desejos dos homens, e muito menos de sua impiedade".[25]

De fato, a doutrina de nossa união com Cristo tem muitas

---

23 Ibid.
24 Ibid.
25 Ibid.

dimensões. Estar em Cristo é o que define nossa identidade. É o que garante nossos privilégios e nossa posição. Também traz obrigações — a obrigação de carregar nossa cruz como Cristo carregou a sua. O que significa participar dos sofrimentos de Cristo? Significa um estilo de vida contraintuitivo e contracultural.

EM CRISTO: A ADMIRÁVEL CONJUNÇÃO DE EXCELÊNCIAS DIVINAS

Martinho Lutero pregou seu último sermão no dia 17 de janeiro de 1546, em *Schlosskirche*, a Igreja do Castelo, em Wittenberg. Logo depois, ele ficou sabendo de uma crise em Eisleben, sua cidade natal. Lutero era, então, um homem idoso. Como Paulo, Lutero tinha muita experiência de vida. Naquele dia de janeiro, Lutero escreveu uma carta em que disse que estava "velho, cansado, preguiçoso, esgotado, com frio e, pior de tudo, cego de um olho".[26] Lutero provavelmente tinha catarata — um verdadeiro espinho na carne para um estudioso que vivia no meio dos livros escrevendo. Um olho estava embaçado. Ele terminou a carta dizendo: "Como estou meio morto, eu gostaria de ser deixado em paz".

Lutero não seria deixado em paz. Ele foi chamado para resolver uma crise em Eisleben. Embora fosse uma viagem relativamente curta, havia alguns desafios e situações aterrorizantes. Banquisas de gelo no rio Elba, que ele precisava atravessar, quebrou uma parte do cais, o que impediu o barco de atracar de maneira que os passageiros pudessem descer secos e em segurança. Lutero e os outros que estavam com ele

---

[26] Carta a Jacob Probst, 17 jan. 1546, em *The Letters of Martin Luther*, ed. e trad.. Margaret A. Currie (London. Macmillan, 1908), 468.

TEMPO DE CONFIANÇA

desembarcaram nas banquisas, fazendo com que tudo e todos ficassem molhados e congelassem com o ar frio. A idade de Lutero tornava-o especialmente vulnerável em condições e circunstâncias assim. Ele ficou doente. É provável que tenha sido pneumonia. Ele e os que estavam com ele conseguiram chegar a Eisleben. Lutero conseguiu recuperar um pouco da saúde, mas não conseguiu livrar-se da doença, que acabou avançando aos poucos.

Enquanto isso, a notícia sobre o estado de saúde de Lutero chegou à sua amada esposa, Katie, em Wittenberg. Ela, então, ansiosamente, escreveu para o marido, dizendo que queria poder cuidar dele. Lutero respondeu dizendo que ele contava com alguém melhor para cuidar dele, alguém que era melhor até do que os anjos. Lutero, o idoso prestes a morrer, escreveu que tinha aquele que "deitou na manjedoura e mamou nos seios de sua mãe, mas agora estava assentado à direita de Deus Pai Todo-Poderoso".

Há certa ironia aqui. Um bebê indefeso é a nossa força, o nosso consolador e o nosso libertador. Lembra-se de quando Rute, a estrangeira que se casou com Boaz, deu à luz Obede? Quando isso aconteceu, as mulheres de Belém foram até Naomi, a viúva idosa, e disseram a ela que um filho lhe nascera, aquele que seria seu restaurador e consolador na velhice (Rute 4.13-17). Lembra-se de quando os anjos apareceram aos pastores em uma colina perto da mesma cidade? Quando isso aconteceu, os anjos mandaram que os pastores fossem encontrar o bebê deitado na manjedoura. Eles disseram que o bebê era o Salvador (Lucas 2.8-19).

Certa vez, Jonathan Edwards escreveu sobre a "admirável conjunção de excelências divinas em Cristo Jesus". Cristo era verdadeiro Deus e verdadeiro homem. Ele era, ao mesmo tempo, Senhor e homem. Esse bebê indefeso é Cristo, o Senhor. Ele é o Leão e o Cordeiro. Ele é o sacerdote e o sacrifício. Aquele que se fez fraco é forte. Aquele que sofreu foi aperfeiçoado em seu sofrimento.

Então, nós também temos uma admirável conjunção. Que em Cristo possamos conhecer o poder de sua ressurreição! Que em Cristo possamos conhecer também a comunhão de seus sofrimentos e continuar a aprender o que significa tomar a nossa cruz para segui-lo! Em Cristo, nossa fraqueza é aperfeiçoada. Em Cristo, podemos ter confiança.

CAPÍTULO CINCO

CONFIANÇA NO EVANGELHO

"Nós vemos a estabilidade da misericórdia e da fidelidade de Deus ao seu povo, como ele nunca abandona sua herança e como ele lembra-se de sua aliança com eles por todas as suas gerações."
— Jonathan Edwards

George Yancey ensina sociologia na Universidade do Norte do Texas. Ele é cristão e, recentemente, passou a focar em um termo que ele próprio cunhou. Ele estuda as mudanças de atitudes da população americana em relação aos cristãos, especialmente em relação aos cristãos teologicamente conservadores. Esses são os cristãos que frequentam a igreja com regularidade, que defendem os ensinamentos da Bíblia e que defendem uma série de convicções teologicamente conservadoras. Sua principal questão de pesquisa é a seguinte: O que os americanos pensam sobre os cristãos teologicamente conservadores?

As respostas que ele encontrou o levaram a cunhar o termo *Cristofobia*. Ele já escreveu diversos livros falando sobre o resultado de seus estudos. Um dos livros se chama *Tantos cristãos, tão poucos leões*, palavras que, na verdade, foram ditas por um entrevistado. É claramente uma referência aos primeiros séculos do cristianismo. Uma forma de perseguição era que os cristãos eram lançados aos leões na arena. Seguem alguns exemplos de frases que ele ouviu durante sua pesquisa:

> Os membros costumam ser supersticiosos e têm as mesmas atitudes que geraram as atrocidades religiosas na Europa medieval [...].
>
> É uma desonra para a humanidade que esse tipo de ignorância, superstição e intolerância continue a existir no mundo moderno. É uma vergonha que, em uma era de esclarecimento e avanços científicos, a superstição pré-medieval ainda esteja tão em evidência [...].
>
> Foi reforçada a ideia que eu tinha de que a maioria eram pessoas burras militando em defesa de uma agenda ignorante em um sonho delirante em que um Deus papai do céu mágico e invisível, juntamente com seu filho, guia todos os seus pensamentos e atitudes cotidianos [...].
>
> É um avanço em relação ao Papai Noel e ao Coelho da Páscoa, mas ainda é um estágio intelectual juvenil [...].
>
> Meu irmão — um homem muito inteligente, mas perturbado — abandonou toda a razão e abraçou o pensamento conservador. É um grande e lamentável desperdício de todo o seu potencial.[27]

Quando falamos no Capítulo 3, sobre depositar nossa confiança na palavra de Deus, consideramos as objeções contra a

---

27 George Yancey e David A. Williamson, *So Many Christians, So Few Lions. Is There Christianophobia in the United Sates?* (Lanham, Md.. Rowman & Littlefield, 2015), 63, 64, 70, 72.

Escritura que têm origem nas ciências e nas ciências sociais. Nós vimos que muitas pessoas estavam achando a Bíblia obsoleta, antiquada, inútil e até mesmo prejudicial. Os pontos de vista que essas frases expressam concordam com essa perspectiva.

Esses pontos de vista dizem algo sobre o mundo em que vivemos e também levantam uma pergunta significativa. Como devemos falar sobre o evangelho com esse tipo de pessoa?

E aqui vai outra pergunta: Esse tipo de pessoa está além do alcance do evangelho?

O evangelho é capaz de surtir efeito para aquela pessoa que acredita que os cristãos são uma ameaça e devem ser jogados aos leões? Quando entramos em um conflito, tudo o que vemos são linhas de batalha sendo estabelecidas? Ou nós vemos que nossa tarefa é a pregação do evangelho e percebemos que, mesmo diante da oposição da hostilidade, continuamos tendo a obrigação de pregar o evangelho até mesmo para nossos inimigos?

Faço essas perguntas porque acredito que elas nos conduzem a uma questão realmente significativa: Nós cremos no poder do evangelho?

Stephen Tong é um ministro chinês na Indonésia. O islamismo chegou à Indonésia pela primeira vez no século XIII e, atualmente, é a religião predominante. Quase 90% da população é muçulmana. Tong lidera a Igreja Evangélica Reformada da Indonésia (*Gereja Reformed Injili Indonesia*, ou GRII, na língua indonésia), pastoreia a Catedral do Messias, lidera um empreendimento editorial, promove atividades evangelísticas, compõe hinos e atua como regente — tudo com a intenção de levar a luz do evangelho para as trevas da Indonésia. Ele também tem algo a dizer para a Igreja no Ocidente. Ele observa que os cristãos no Ocidente "sempre pensam dentro dos limites". Com muita frequência, deixamos de ver o poder do evangelho.

Nós vemos um exemplo do poder do evangelho em Filipenses 1. Em Filipenses, nós lidamos com um autor bíblico que estava na cadeia. Essa foi a primeira das duas prisões que Paulo teve de enfrentar em Roma. Ele foi libertado um pouco depois de escrever Filipenses. Depois ele foi preso novamente. Em seguida, como a tradição da Igreja nos informa, ele e Pedro foram martirizados entre 66 e 67 d.C.

As duas prisões aconteceram durante o reinado de Nero. Você teria dificuldade para encontrar um governante mais sinistro e malvado do que Nero. Os historiadores estimam que milhares, talvez dezenas de milhares, de escravos tenham morrido na construção de seus jardins. As exigências de Nero eram tão intensas que eles foram mortos pela mera carga de trabalho. Ele, incansavelmente, buscava satisfazer seus prazeres iníquos. O fato de inúmeros livros do Novo Testamento terem sido escritos durante o seu reinado — e o fato de esses livros terem mandado que os cristãos obedecessem ao governo e honrassem os governantes – tem muito a nos ensinar sobre como viver em um território hostil.

O fato de Paulo ter escrito Filipenses durante o reinado de Nero nos leva a entender com mais profundidade algumas das coisas que Paulo escreve em seu livro. No final do livro, Paulo escreve: "Todos os santos vos saúdam, especialmente os da casa de César" (4.22). O evangelho foi capaz de alcançar a casa de Nero, talvez o governante mais notoriamente ímpio da história.

Também precisamos observar o poder do evangelho em Filipenses 1.12-14:

> Quero ainda, irmãos, cientificar-vos de que as coisas que me aconteceram têm, antes, contribuído para o progresso do evangelho; de maneira que as minhas cadeias, em Cristo, se tornaram conhecidas de toda a guarda pretoriana e de todos os demais; e a maioria dos irmãos, estimulados no Senhor por minhas algemas, ousam falar com mais desassombro a palavra de Deus. (Filipenses 1.12-14)

Se você estava à procura de um símbolo do poder romano, não há outro melhor do que a guarda pretoriana. Eles eram o corpo militar romano de elite, os mais bem preparados. Eles eram os Boinas Verdes, a tropa de elite, os Navy SEALs daquela época. A guarda pretoriana foi originalmente estabelecida para que fossem os guarda-costas dos Césares. Ao longo do tempo, o trabalho deles passou a incluir a proteção de oficiais da corte, senadores oficiais romanos posicionados em todo o Império. Ao longo dos séculos, a guarda pretoriana acumulou uma quantidade significativa de poder e riquezas. Eles se tornaram tão poderosos no primeiro século que até os Césares passaram a temê-los. A guarda pretoriana tinha riquezas, uma imensa quantidade de tropas e, nitidamente, a capacidade de efetuar um golpe de Estado.

As qualificações para se tornar um guarda pretoriano eram altas. Considere o preparo físico e a força, o poder e a habilidade que eram necessários para usar aquele uniforme. Os guardas pretorianos precisavam estar no ápice de seu condicionamento físico. Essa força não era um mero símbolo do poder romano. No primeiro século, a guarda pretoriana representava a realidade do poder romano. Eles eram os guardas de Paulo. E foram alcançados pelo evangelho.

TEMPO DE CONFIANÇA

Os guardas pretorianos eram, ocasionalmente, enviados a diversas partes do Império Romano, servindo em operações militares em vários lugares, e depois voltavam para Roma. Paulo valorizava essa prática porque isso fazia com que os guardas responsáveis por ele fossem constantemente trocados. Com base no que é possível reconstruirmos, sua primeira prisão não durou muito tempo. Mas, graças à troca dos guardas, ele foi capaz de propagar o evangelho em um dos lugares mais improváveis do Império Romano.

Durante as décadas em que o Novo Testamento foi escrito e durante os séculos de perseguição que a Igreja primitiva experimentou, a guarda pretoriana prendia e servia de guarda aos cristãos. Já em Roma, no ano 62 d.C., eles estavam sendo evangelizados por Paulo. Paulo nos informa que sua prisão "se tornou conhecida de toda a guarda pretoriana". Os guardas estavam falando sobre Paulo. Eles passavam um tempo como seu guarda e depois eram transferidos. Ao chegar ao novo local, eles contavam aos colegas sobre aquele prisioneiro tão peculiar. A palavra se espalhava. O evangelho se espalhava.

Você pode imaginar quando a epístola aos Filipenses foi lida pela primeira vez para os cristãos reunidos naquela cidade? Entre eles, espalhava-se a notícia de que havia chegado uma carta de Paulo. Então, chegaria o Dia do Senhor. Os cristãos provavelmente se encontravam por toda a cidade de Filipos, em igrejas domésticas ou nas sinagogas. Para essa ocasião, talvez eles conseguissem encontrar um lugar no qual todos pudessem, juntos, ouvir a carta. Um dos pastores (ou talvez o mensageiro enviado por Paulo para entregar a carta) ficaria de pé e leria a epístola de Paulo à igreja de Filipos. Essas palavras não seriam muito encorajadoras para os cristãos que viviam lá?

Havia um crente em Filipos que ficaria especialmente feliz ao ouvir que o evangelho estava sendo declarado e proclamado entre os guardas da prisão. O carcereiro filipense de Atos 16.25-31 conhecia, em primeira mão, quão Paulo persuasivo podia ser com os carcereiros.

Paulo queria que os filipenses soubessem que sua prisão não era um contratempo, um bloqueio na estrada ou um sinal do fim do cristianismo. A prisão de Paulo não era um sinal da impotência do cristianismo diante do poder de Roma. A prisão de Paulo sinalizava exatamente o contrário. A prisão de Paulo servia para propagar o evangelho. Esse é o poder do evangelho. A carta que Paulo escreveu e o testemunho que ele deu tinham como objetivo encorajar os filipenses a depositar sua confiança no evangelho.

Paulo continua a enfatizar esse ponto ao falar sobre os cristãos em Roma. Depois de falar da propagação do evangelho entre os guardas imperiais, ele declara que os cristãos em Roma haviam sido "estimulados no Senhor" e que esse estímulo os levara a "falar com mais desassombro a Palavra de Deus".

Não vamos nos esquecer do momento cultural aqui. Eles estão corajosamente anunciando o evangelho na cidade de Roma, *na Roma de Nero*. No tempo de Nero, o grande Circo Máximo cresceu e atingiu sua capacidade máxima: 250 mil espectadores. Até hoje, é a maior arena esportiva que já existiu. O evento principal no Circo era a corrida de bigas. Bigas movidas por quatro ou doze cavalos corriam em busca da honra e de grandes premiações em dinheiro. A pista foi propositalmente construída com curvas acentuadas a fim de provocar acidentes para a multidão sanguinária. A carnificina envolvendo os cavalos e os cocheiros era a norma. As multidões eram tão barulhentas que as escolas que ficavam a cerca de trinta quilômetros de distância eram fechadas porque o barulho abafava qualquer outro som. A Roma de Nero se entregou a formas bárbaras de entretenimento.

A Roma de Nero também se entregou às maiores perversidades sexuais. Historiadores romanos registraram detalhes sobre as perversidades sexuais do próprio Nero. Algumas são tão nojentas e hediondas que não podem ser mencionadas aqui. Bordéis e escravos sexuais eram a norma. A grande Roma era bárbara.

Contudo, em meio a tudo isso, Paulo, corajosamente, pregava o evangelho e o evangelho prosperava. No verso que talvez resuma o tema de toda a epístola aos Romanos, Paulo declara: "Pois não me envergonho do evangelho, porque é o poder de Deus para a salvação de todo aquele que crê, primeiro do judeu e também do grego" (Romanos 1.16). O evangelho é o poder de Deus — ele prevalecerá contra todas as expectativas e contra toda oposição.

O que nós vemos em Filipenses 1 é o alcance cada vez maior do evangelho. Paulo, corajosamente, proclama o evangelho. Os cristãos em Roma, inspirados por seu exemplo, corajosamente proclamam o evangelho. Paulo mencionava o exemplo deles para incentivar que os filipenses fossem mais corajosos na proclamação do evangelho. E a quem os crentes filipenses inspirariam? Ao longo dos séculos, esses exemplos foram lidos pelos cristãos nos lugares da terra em que pregam o evangelho. O alcance é cada vez maior.

Nossa análise de Filipenses 1 começou sob a perspectiva de uma pergunta. A pergunta é: Nós cremos no poder do evangelho? Paulo cria e essa fé permeava sua vida. Uma das razões que levavam Paulo a crer no poder do evangelho tinha a ver com sua própria história. Paulo relembra sua própria história em Filipenses 3. Duas vezes nesse capítulo, Paulo usa a expressão "confiança na carne". Paulo nos informa que tinha muitas razões para confiar na carne. Ele tinha a linhagem. Ele tinha o treinamento. Ele tinha a motivação e a determinação.

Provavelmente, Paulo foi um dos homens mais inteligentes que já existiram. Certamente, ele foi um dos melhores escritores. Ele era extremamente ambicioso. Ele sabia o que era passar por dificuldade, mas ele perseverava. "Se algum outro cuida que pode confiar na carne", diz Paulo, "ainda mais eu" (3.4).

No entanto, Paulo se dá conta de que "o que para mim era ganho reputei-o perda por Cristo" (3.7). Ele considera todas as suas realizações, todos os seus esforços em busca da justiça como "refugo", uma forma polida de dizer "esterco". Todas as habilidades e realizações de Paulo simplesmente ressaltam sua completa incapacidade de alcançar a justiça.

Em vez de confiar na carne, Paulo aprendeu a confiar em Cristo e no evangelho. Paulo queria ser encontrado em Cristo. Ele escreveu: "e ser achado nele, não tendo justiça própria, que procede de lei, senão a que é mediante a fé em Cristo, a justiça que procede de Deus, baseada na fé" (3.9). O teólogo Francisco Turretini expressou isso nas seguintes palavras:

> Que Deus, desfazendo a vã confiança em nosso próprio mérito, nos faça repousar no mérito perfeitíssimo de Cristo somente e, assim, guarde os fiéis a ele que lutam a boa peleja até o fim, para que recebam a coroa da justiça, devida

não ao nosso mérito, mas mui graciosamente prometida a nós pelo galardoador celestial.[28]

Johnny Cash escreveu um romance sobre a vida do apóstolo Paulo. Sim, um dos ícones da música country e uma das lendas da música americana escreveu uma biografia sobre Paulo. O título que Cash deu ao livro foi *The Man in White* [*O homem de branco*], uma obra genial.[29] O "homem de branco", na verdade, não é Paulo. É Cristo. Essa é a genialidade de Cash. De forma semelhante, Agostinho não é o personagem principal de sua autobiografia, *Confissões*. Deus é. Paulo não é o personagem principal da biografia de Cash. Ele é um personagem proeminente e predominante no desenrolar de todo o livro. Mas ficamos sempre com a sensação de que há muito mais sobre a história do que aquilo que estamos vendo na página. Nos bastidores da vida de Paulo, há alguém trabalhando, orquestrando para que todos os detalhes sejam conduzidos a um objetivo desejado e a determinado resultado.

Paulo sabia que precisava confiar no evangelho, pois nada mais é capaz de mudar o coração e nada mais resolve o dilema humano. As pessoas pensam que o dilema humano são muitas coisas. Alguns dizem que é a pobreza ou a distribuição injusta de recursos e riquezas. Alguns dizem que é a guerra e nossa propensão à guerra. Alguns simplesmente acreditam que o dilema humano é interno e psicológico. Como R. C. Sproul já disse muitas vezes: "O dilema humano é o seguinte:

---

28 Francis Turretini. *Compêndio de teologia apologética*. São Paulo: Cultura Cristã, 2011, v. 2, p. 864.
29 Johnny Cash, *The Man in White. A Novel about the Apostle Paul* (Nashville, Tennessee. WestBow, 1986).

Deus é santo e nós não somos. Deus é justo e nós não somos". Nosso problema não é a falta ou a abundância de riquezas ou recursos. Nosso problema não é que não conseguimos alcançar a utopia. Nosso problema é a ira do santo Deus. Nenhuma quantidade de justiça pode resolver esse dilema. Paulo defende que só há uma solução: a justiça que vem pela fé em Cristo.

Quando pensamos na principal doutrina de Lutero, pensamos na justificação pela fé somente. Essa doutrina depende de uma única palavra. Na verdade, a Reforma inteira e o protesto dos Reformadores contra a Igreja Católica Romana resumem-se nessa única palavra: imputação. A doutrina da imputação ensina que o nosso pecado, que nos desconecta e nos separa de um Deus santo, é imputado a Cristo. Cristo pagou a pena por nossos pecados, os quais foram perdoados. A doutrina da imputação também ensina que a justiça de Cristo é imputada a nós. Se a obra de Cristo somente obtivesse a remissão dos pecados, nós voltaríamos à mesma posição em que nos encontrávamos no jardim antes de Adão e Eva comerem o fruto da Árvore do conhecimento do bem e do mal.

A obra de Cristo venceu a maldição e restaurou o "Paraíso Perdido". A obra de Cristo também conduziu ao "Paraíso reconquistado". Agora, nós estamos na própria presença de Deus revestidos da justiça de Cristo. O "Homem de branco" vestiu nossos trapos imundos e deu-nos sua túnica branca, pura e justa. Paulo diz claramente em 2Coríntios 5.21: "Aquele que não conheceu pecado, ele o fez pecado por nós; para que, nele, fôssemos feitos justiça de Deus".

Os teólogos se referem à obra de Cristo em termos de sua obediência ativa e de sua obediência passiva. Em sua obediência passiva, ele pagou o preço pelo pecado; ele fez a expiação pelo pecado. Em sua obediência ativa, ele conquistou justiça por nós. Nenhuma outra mensagem e nenhum outro meio podem salvar-nos ou libertar-nos. Paulo passou décadas sem medir esforços para chegar a Deus pela própria força. Foi tudo em vão. Depois, no caminho para Damasco, Saulo chegou ao fim quando Cristo, "o Homem de Branco", atraiu Paulo para si.

Paulo conhecia o poder do evangelho em primeira mão. Não passava um dia sequer sem que ele se alegrasse com o que Deus havia realizado por ele em Cristo.

Os irmãos John e Charles Wesley tentaram chegar ao Céu pelas próprias forças. Eles chegaram a viajar para uma terra distante como missionários, em uma vã tentativa de alcançar a salvação. Depois, de maneira independente, mas com poucos dias de diferença, John e Charles Wesley foram conduzidos a Cristo. John foi convertido quando estava na frente da casa de reuniões de Aldersgate em Londres e ouviu a leitura do prefácio do comentário de Lutero sobre a epístola aos Romanos. Charles foi convertido através da leitura do prefácio do comentário de Martinho Lutero sobre a epístola aos Gálatas. Eles decidiram que não celebrariam nem marcariam mais seus aniversários terrenos. Em vez disso, eles celebrariam o momento da conversão.

Para marcar esse novo primeiro aniversário, Charles escreveu "Can it be?" [Será Possível?], um hino que celebra o mistério e a maravilha da salvação. Em uma das estrofes, ele declara:

> Por muito tempo meu espírito aprisionado esteve,
> preso firmemente ao pecado e à escuridão da natureza;
> Teus olhos lançaram um raio vivificador —
> o calabouço resplandeceu de luz, e eu despertei.

> Meus grilhões caíram, meu coração foi libertado,
> levantei-me, fui em frente e te segui.

Jessica Buchanan foi uma trabalhadora de ajuda humanitária nas terras sem lei da Somália. Ela trabalhava com uma instituição de caridade dinamarquesa, ensinando as crianças a evitar minas terrestres. Em outubro de 2011, ela foi sequestrada por piratas somalianos armados com AK-47. Ela foi mantida por 93 dias a céu aberto durante a estação chuvosa. Nesse período, ela ficou desnutrida e começou a sofrer muito com uma infecção renal. Seus sequestradores a mantiveram semiviva. As negociações foram interrompidas. Ela perdeu toda a esperança.

No meio da noite de 25 de janeiro de 2012, ela acordou com um súbito e violento barulho de tiros. Ela achou que uma gangue rival havia iniciado uma batalha com seus sequestradores. Ela colocou as mãos na cabeça, pensando que certamente iria morrer, até que sentiu uma mão em seu ombro e ouviu alguém dizendo seu nome — "Jessica" — com um sotaque americano.

Na calada da noite, um destacamento do Team Six da Navy SEAL dos Estados Unidos desceu de paraquedas e atacou o acampamento. Todos os piratas foram mortos. Jessica estava ilesa. Os marinheiros pegaram-na e levaram-na para fora do acampamento, até o lugar designado. Então, os SEALs fizeram um círculo ao redor dela e esperaram o helicóptero chegar. Eles a colocaram no helicóptero e ela foi levada em segurança. Enquanto o helicóptero decolava, um dos SEALs entregou-lhe uma bandeira americana.

Jessica Buchanan não contribuiu em nada para que fosse libertada de seus sequestradores. Os SEALs fizeram tudo. E, quando ela foi, literalmente, resgatada da cova da morte, eles devolveram sua identidade. Eles devolveram sua liberdade.

A história dela é o retrato de uma estrofe do hino de Charles Wesley. É um hino que celebra a fuga de um presídio. O prisioneiro não era capaz de fazer nada. A fuga da prisão só foi possível por meio da obra de Cristo. O hino de Charles Wesley diz:

> Jesus é meu, e tudo que nele há!
> Vivo nele, minha cabeça viva,
> Revestido de justiça divina.

O raio vivificante é capaz de penetrar os mais tenebrosos calabouços. Penetrou a guarda pretoriana e até mesmo a casa de Nero.

Em meados de julho do ano de 64 d.C., Roma pegou fogo. É provável que Nero tenha sido o responsável. Ele tinha planos ambiciosos para reconstruir Roma, mas havia algumas edificações em seu caminho. A convicção dos historiadores é que os subalternos de Nero atearam fogo para ajudar a acelerar seus planos de revitalização. Contudo, o fogo se alastrou demais. O incêndio continuou por uma semana e pode ter queimado até setenta por cento da cidade.

Os dedos começaram a apontar para Nero. Tácito, o historiador romano, conta que, para se livrar da culpa, Nero colocou a culpa nos cristãos. Um período de intensa perseguição teve início. Tácito também nos informa que Nero usou os cristãos como tochas humanas para iluminar seus jardins à noite enquanto se divertia com as corridas de bigas. A crueldade de Nero não tinha limites.

A perseguição que ele iniciou durou até o fim de seu reinado, em 68 d.C. Em algum momento entre 64 e 68 d.C., Nero emitiu a ordem para que Paulo e Pedro fossem presos. Os dois foram executados antes da morte de Nero. Esse é o cenário em que a Igreja crescia e o Novo Testamento foi escrito.

Roma tinha duas classificações para as religiões encontradas em seu império em expansão. Uma designação era *religio licita*, que significa "religião legal". A outra era *superstitio illicita*, que significa "superstição ilegal". A palavra *superstição* revela como Roma via essas práticas com desprezo. A maioria dos povos conquistados por Roma era formada por politeístas. Isso não era um problema para Roma. Significava simplesmente que mais deuses seriam acrescentados ao panteão romano. A maioria das religiões que eram introduzidas no Império eram classificadas como *religio licita*. Eram aprovadas por Roma e poderiam ser livremente praticadas. O judaísmo foi reconhecido como uma *religio licita* primariamente porque os judeus não tendiam a fazer proselitismo. Desde o princípio, o cristianismo foi classificado como *superstitio illicita*.

Como consequência, os cristãos eram literalmente inimigos do Estado — marginalizados, condenados ao ostracismo e perseguidos. Eles poderiam ser mortos com impunidade. Ser cristão significava identificar-se com um grupo de pessoas que não eram dignas de nada, exceto vergonha e escárnio. Para os melhores romanos, os cristãos eram vistos como dignos de compaixão por causa de seus modos primitivos. Para os piores romanos, a morte dos cristãos poderia ser uma fonte de entretenimento. Livrar-se dos cristãos do Império seria o melhor que poderia acontecer.

Tácito se refere ao cristianismo pela designação de *superstitio illicita* e fala sobre o ódio que a população romana nutria pelos cristãos, embora esses cristãos do primeiro século tivessem vidas exemplares. Os primeiros apologistas cristãos, como Atenágoras e Justino Mártir, são testemunhas da vida que os cristãos levavam. Eles promoviam a virtude. Eles honravam o imperador. Eles tinham uma ética de trabalho que os diferenciava. Paulo admoestava que os servos trabalhassem "como para o SENHOR" (Colossenses 3.23). Os cristãos tinham famílias amorosas e genuinamente se preocupavam uns com os outros. Contudo, eles eram vistos como criminosos e inimigos do Estado. Eles eram odiados — não por causa do comportamento que tinham, pois esse comportamento era louvável. Seria ótimo se todos os romanos vivessem como os cristãos. Eles eram odiados por sua fé. Eles eram odiados por sua fé em Cristo e no evangelho. Em última análise, os cristãos eram odiados porque sua fé era diferente e sua fé desafiava o *status quo*.

Christus, seu líder, também era odiado. Ele foi morto em uma cruz sob Pôncio Pilatos. Seus seguidores eram todos culpados — simplesmente porque eram cristãos. Em meio a tudo isso, temos o testemunho de Paulo em Filipenses sobre o poder do evangelho.

Há poder no evangelho. E há todos os motivos para depositarmos nossa confiança no evangelho. Aliás, essa é a nossa obrigação. Temos a obrigação de proclamar essa Palavra.

BOAS-NOVAS

Assim como Paulo, Pedro conheceu em primeira mão o poder do evangelho. Esse pescador grande e forte, que era capaz de ser áspero, rude e grosseiro, fala sobre o amor sincero e puro. Aliás, ele ordena esse tipo de amor. Ele ordena: "Amai-vos, de coração, uns aos outros ardentemente" (1Pedro 1.22). Todos nós queremos que esse amor seja uma realidade em nossas vidas e em nossos relacionamentos. Queremos isso para nossas famílias, para nossas igrejas e para nosso círculo de amigos. Pedro não somente ordena esse amor, como também diz que esse amor é possível. É possível porque nós nascemos de novo. Somos novas criaturas. Também é possível porque fomos regenerados pela Palavra de Deus, a qual é verdadeira, viva e permanente. Todas as demais coisas se desvanecem e caem. Somente a Palavra de Deus permanece.

O fato de a palavra de Deus permanecer para sempre nos faz lembrar que outras coisas mudam. As leis mudam. Os costumes e os valores mudam. Até as sociedades mudam. Os impérios e as nações vêm e vão. Somente a Palavra de Deus permanece para sempre. O Salmo 119.160 declara: "As tuas palavras são em tudo verdade desde o princípio, e cada um dos teus justos juízos dura para sempre". Essa é a mesma palavra permanente que Pedro menciona em sua epístola.

Para se fazer compreendido, Pedro cita Isaías:

> Pois toda carne é como a erva, e toda a sua glória, como a flor da erva; seca-se a erva, e cai a sua flor; a Palavra do Senhor, porém, permanece eternamente. (1 Pedro 1.24-25)

Essa citação vem de Isaías 40. Esse capítulo é uma mensagem de consolação, como vimos no Capítulo 2 deste livro. Há uma voz que clama, não uma voz de juízo, mas de remissão, libertação e salvação. Pedro cita Isaías 40.6-8. Mas ele também está pensando no que vem depois. Logo depois dessa citação, Pedro declara: "Ora, esta é a Palavra que vos foi evangelizada" (1Pedro 1.25). Em Isaías 40.9, logo depois da parte que é citada, nós lemos o seguinte: "Tu, ó Sião, que anuncias boas-novas, sobe a um monte alto!".

Já estabelecemos, no Capítulo 2, que a função de um arauto é anunciar. Arautos traziam notícias que às vezes eram boas e, outras vezes, ruins. Era um cargo oficial. Eles eram respeitados e dependiam das pessoas a quem serviam. Quando Pedro pensa na Palavra de Deus, a qual é viva e permanece, ele está pensando em seu poder e em sua eficácia. Ele pensa nela como as boas-novas do evangelho.

A palavra *evangelho* no grego original é uma palavra composta que, literalmente, significa "boas-novas". A palavra é *Euangelion*. O prefixo *eu* significa "bom" e a palavra *angelos* significa "mensagem". A palavra *anjo*, que temos no português, significa "mensageiro" e tem origem nessa palavra grega. Quando William Tyndale traduziu essa palavra em sua Bíblia em inglês, usou a expressão "glad tidings", que significa *boas-novas*.

Nós vemos o poder do evangelho, das boas-novas, em Isaías:

> Tu, ó Sião, que anuncias boas-novas, sobe a um monte alto! Tu, que anuncias boas-novas a Jerusalém, ergue a tua voz fortemente; levanta-a, não temas e dize às cidades de Judá. Eis aí está o vosso Deus! Eis que o Senhor Deus virá com poder, e o seu braço dominará; eis que o seu galardão está com ele, e diante dele, a sua recompensa. Como pastor, apascentará o seu rebanho; entre os seus braços recolherá os cordeirinhos e os levará no seio; as que amamentam ele guiará mansamente. (Isaías 40.9-11)

O profeta levou o povo de Israel a tirar o foco do cativeiro. O profeta levava o povo de Israel a tirar o foco do poder da Babilônia de Nabucodonosor e, posteriormente, da grande força da Medo-Pérsia de Ciro. O profeta focava diretamente em Deus: "Eis aí está o vosso Deus!". Deus se vingará de seus inimigos. Ao mesmo tempo, Deus carregará seus filhos até em casa. Sim, Sião, são boas-novas.

Então, Pedro lembrou-se de algo. Ele se lembrou de quando André, seu irmão, o levou para ver o Messias pela primeira vez. Ele se lembrou de quando confessou que Jesus é o Cristo, o Filho do Deus vivo, e Jesus respondeu que ele era bem-aventurado. Ele se lembrou de quando prometeu que nunca abandonaria a Cristo. Ele se lembrou do momento tenebroso em que o negou. Ele se lembrou de que Jesus disse a ele: "Simão, Simão [...] eu roguei por ti". Ele se lembrou da cruz, do túmulo vazio, do Senhor ressurreto. Assim como Paulo, Pedro conheceu em primeira mão o poder do evangelho. As boas-novas foram pregadas a ele.

Considere novamente as palavras de Pedro no final do primeiro capítulo de sua primeira epístola. Por que ele diz, "esta é a palavra que vos foi evangelizada"? É porque ele queria que eles lembrassem? Acredito que, em parte, é por causa disso. É por causa do evangelho que podemos amar uns aos outros de coração ardente, viver em santidade e, como Pedro também ordena, permanecer firmes em nossa fé — mesmo em meio às maiores calamidades. Precisamos nos lembrar do evangelho.

Mas eu acho que há mais. Pedro não quer que sejamos egoístas com o evangelho. As boas-novas foram pregadas a nós — não somos gratos por isso? Não somos gratos porque alguém pregou as boas-novas do evangelho a nós? Como é possível não pregarmos para outras pessoas? Nossa relutância ou falta de regularidade para pregar o evangelho talvez seja porque nos esquecemos de que são boas-novas. Ou talvez, erroneamente, pensemos que as pessoas não precisam do evangelho. Ou talvez tenhamos medo da rejeição daqueles que rejeitam o evangelho. Talvez tenhamos medo das reações hostis. Contudo, nada disso é legítimo. Nada disso deve impedir-nos de anunciar as boas-novas.

Nós ouvimos e vemos muitas más notícias. Notícias deprimentes. As boas-novas do evangelho erguem nossos corações e levam nossas almas a cantar. Precisamos ouvi-las. Mas nunca podemos ser egoístas com as boas-novas do evangelho.

Precisamos subir em uma montanha alta e elevar nossas vozes. Como Isaías, precisamos ser arautos para um mundo distraído e angustiado, e anunciar: "Eis aí está o vosso Deus!". Aliás, nós podemos ser como outro profeta, um profeta que, no deserto, apontou para Cristo e disse: "Eis o Cordeiro de Deus, que tira o pecado do mundo!". Essa é a beleza do evangelho. Jesus é o Cordeiro.

Todos nós somos arautos das boas-novas. Ou, pelo menos, deveríamos ser. E nunca devemos esquecer quanto nós mesmos precisamos ouvir e relembrar as boas-novas.

COMIDO POR TRAÇAS

Em 1739, Jonathan Edwards pregou uma série de trinta sermões baseados em um versículo de Isaías. Sim, trinta sermões baseados em um verso. O verso era Isaías 51.8. No verso anterior, nós lemos:

> Ouvi-me, vós que conheceis a justiça, vós, povo em cujo coração está a minha lei; não temais o opróbrio dos homens, nem vos turbeis por causa das suas injúrias. (Isaías 51.7)

Não precisamos temer ou tremer diante da oposição ou da adversidade. O povo de Deus tem imunidade, imunidade máxima, contra a perseguição. Nós simplesmente precisamos da perspectiva correta, a perspectiva do evangelho. Então, no texto que Edwards escolheu para apresentar um panorama geral de *História da obra da redenção*, ouvimos as seguintes palavras.

> Porque a traça os roerá como a um vestido, e o bicho os comerá como à lã; mas a minha justiça durará para sempre, e a minha salvação, para todas as gerações. (Isaías 51.8)

As aparências enganam. Elas nos fazem tropeçar. Fazem-nos cambalear e recuar. Esquecemo-nos de quanto as coisas deste mundo são temporárias. Esquecemo-nos de quanto os inimigos de Deus são fracos. Eles passarão como um vestido. Lembro-me de um momento triste em uma venda de garagem. Estacionei meu carro na grama e desci para encontrar tesouros escondidos. Havia uma caixa com alguns objetos valiosos da Segunda Guerra Mundial. Eu demonstrei interesse e o vendedor rapidamente veio falar comigo. Ele disse que, dentro da caixa, estavam os uniformes de seu pai. Então, cuidadosamente, abrimos a tampa somente para encontrar alguns pedaços batidos e surrados do que um dia fora o uniforme de um orgulhoso herói de guerra.

Há uma única realidade que permanece. Edwards introduziu essa série de sermões com as seguintes palavras:

> O objetivo desse capítulo [Isaías 51] é consolar a Igreja, que se encontra sob o sofrimento e a perseguição de seus inimigos. E o argumento de consolação que é enfatizado é a constância e a perpetuidade da misericórdia e da fidelidade de Deus por ela, o que se manifestará na continuidade dos frutos dessa misericórdia e em fidelidade na contínua obra salvífica em seu favor, protegendo-a contra todos os ataques do inimigo e carregando-a em segurança em meio a todas as mudanças do mundo, até que ela seja finalmente coroada com sua vitória e libertação.[30]

Esse parágrafo é profundamente comovente e pastoral. Essas palavras foram pregadas pela primeira vez em março de 1739. Elas poderiam ser pregadas agora mesmo. Atualmente, estamos experimentando significativas "mudanças do mundo". Nós precisamos de consolação e conforto, de coragem e confiança. Edwards declara que enfatiza uma mensagem que pode transmitir esta consolação: a fidelidade da misericórdia de Deus, manifestada e demonstrada na obra fixa e firme da salvação. Essa é a causa de nossa consolação e de nossa alegria agora, e muito mais na era vindoura.

No decorrer dos sermões, Edwards menciona o islamismo. Ele estava curioso sobre o crescimento do islamismo e se esforçava para aprender o máximo possível. Em determinado momento de sua série de sermões, Edwards apresenta um resumo da história do islamismo, desde o seu início até o século XVI, destacando, cuidadosamente, que "a Igreja foi preservada

---

30 Jonathan Edwards, *The Works of Jonathan Edwards*, v. 9. *The History of the Work of Redemption*, ed. John F. Wilson (New Haven, Connecticut. Yale University Press, 1989), 113.

durante esse dia de trevas".[31] Edwards também encoraja sua congregação, lembrando-os de que o islamismo seria "completamente destruído" no juízo final.

Em sua série de sermões, Edwards também fala sobre o anticristo, sobre o paganismo e sobre o hedonismo. Edwards observa que esses inimigos parecem fortes e invisíveis, sempre marchando. Ele reconhece que as aparências das coisas poderiam gerar desânimo. Contudo, também reconhece a soberania de Deus sobre toda a terra e reconhece que Deus está operando todas as coisas para realizar o propósito e o plano da redenção. Então, com confiança, alegria e prazer no evangelho, confiamos que Deus sabe que a vitória pertence a ele.

Nos primeiros trinta sermões sobre Isaías 51.8, Edwards declara que há um "resumo de todas as obras de Deus". Há uma obra principal que define e está no centro de toda a história humana. É a obra salvífica de Deus. Essa é a história da redenção. É a grande narrativa que molda toda a vida e o significado de todas as coisas. A redenção é o centro, guiando e governando todos os detalhes. Não há caos; não há nada aleatório. Deus já preparou seu arco e já mirou no alvo. A flecha de seus propósitos e intenções acertará o alvo em cheio.

A redenção não somente molda e confere um sentido à história humana, como também molda e confere sentido à vida individual. O filme que está passando no telão do cinema não foi entregue ao acaso. Tão certo quanto o sol nasce, Deus governa e move a história em direção ao seu fim e ao seu propósito desejado. Aquele clipe rápido que está aparecendo na tela pequena também não foi entregue ao acaso. O propósito

---

31 Ibid., 524.

de Deus para seu povo, os propósitos individuais para os indivíduos de seu povo hão de se cumprir. Nós podemos confiar na obra redentora de Deus.

Quase no final de sua série de sermões, Edwards conclui:

> Com prazer e alegria, vamos celebrar a perpetuidade da misericórdia e da fidelidade de Deus para com sua Igreja e seu povo. Que seja a fonte de nossa consolação em meio às tenebrosas circunstâncias em que a Igreja atualmente se encontra, em meio ao alvoroço e à confusão que há no mundo e em meio às ameaças dos inimigos da Igreja! E que nós sejamos encorajados a orar intensamente pelas coisas gloriosas que Deus prometeu realizar pela Igreja.[32]

Paulo define o evangelho para seus leitores em Efésios 3.1-14. Esse texto denso, que é uma longa e gloriosa frase em grego, oferece inúmeras ideias encorajadoras de consolação — todas servem para sustentar nossa confiança no evangelho e no Deus do evangelho. Três coisas chamam a atenção. Primeiro, o evangelho e o plano de Deus de redenção unem todas as coisas e restauram todas as coisas. Todas as partes quebradas, todos os fragmentos são restaurados e unificados. O evangelho traz restauração e inteireza para o que estava quebrado.

Segundo, o evangelho é nossa herança. Nós desfrutamos tantas coisas agora: remissão dos pecados; liberdade em Cristo; comunhão com o Deus triúno; comunhão uns com os outros; propósito; um significado e uma direção na vida; a segurança do Espírito Santo. Nós desfrutamos tantas coisas

---

32 Ibid., 526.

agora, mas essas coisas são somente um pequeno adiantamento da vida vindoura e da completa herança que está reservada aos filhos de Deus. Além de o evangelho ser a nossa herança, nós fomos selados. A certeza é absoluta. A entrega está garantida. O Espírito Santo é o nosso selo.

Terceiro, Efésios 1.3-14 nos ensina que o evangelho é para o louvor da glória da graça de Deus. Essa passagem diz três vezes que a salvação é para que Deus seja louvado. O evangelho nos leva a adorar. Alguém já disse que a teologia leva à doxologia. A teologia leva ao culto. Fomos criados para adorar a Deus, para glorificá-lo, para entoar louvores a ele. Há um coro de louvor eterno ressoando agora no Céu enquanto entoamos o hino de louvor e redenção na terra. Um dia, entraremos para esse coro celestial.

As palavras de B. B. Warfield são apropriadas: "As palavras de Efésios 1.3-14 nunca devem ser lidas. Devem ser cantadas". Que nossa confiança esteja no cântico do evangelho!

> Bendito o Deus e Pai de nosso Senhor Jesus Cristo, que nos tem abençoado com toda sorte de bênção espiritual nas regiões celestiais em Cristo, assim como nos escolheu nele antes da fundação do mundo, para sermos santos e irrepreensíveis perante ele; e em amor nos predestinou para ele, para a adoção de filhos, por meio de Jesus Cristo, segundo o beneplácito de sua vontade, para louvor da glória de sua graça, que ele nos concedeu gratuitamente no Amado, no qual temos a redenção, pelo seu sangue, a remissão dos pecados, segundo a riqueza da sua graça, que Deus derramou abundantemente sobre nós em toda a sabedoria e prudência, desvendando-nos o mistério da sua vonta-

de, segundo o seu beneplácito que propusera em Cristo, de fazer convergir nele, na dispensação da plenitude dos tempos, todas as coisas, tanto as do céu como as da terra; nele, digo, no qual fomos também feitos herança, predestinados segundo o propósito daquele que faz todas as coisas conforme o conselho da sua vontade, a fim de sermos para louvor da sua glória, nós, os que de antemão esperamos em Cristo; em quem também vós, depois que ouvistes a palavra da verdade, o evangelho da vossa salvação, tendo nele também crido, fostes selados com o Santo Espírito da promessa; o qual é o penhor da nossa herança, ao resgate da sua propriedade, em louvor da sua glória. (Efésios 1.3-14)

CAPÍTULO SEIS

CONFIANÇA NA ESPERANÇA

"Nós temos coisas grandes em mãos,
mas coisas maiores na esperança."
— Jeremiah Burroughs

"A vida dos crentes é totalmente sustentada
e guiada pela esperança."
— Herman Bavinck

Talvez seja confiança no amor. O poeta Virgílio declarou: "*Amor vincit omnia*", o amor conquista tudo. Paulo disse: "o maior destes é o amor" (1Coríntios 13.13). Jesus perguntou a Pedro três vezes: "Tu me amas?". Essa foi a preparação final de Pedro para que ele pudesse tornar-se um líder na Igreja? Isso seria suficiente para que Pedro permanecesse firme em sua cela romana? Talvez essas tenham sido as palavras que ecoaram em seus ouvidos enquanto ele marchava em direção ao martírio. É fácil falarmos sobre a confiança no amor.

Embora, inicialmente, pareça inconsistente, poderíamos falar sobre a confiança na humildade. A humildade, é claro, nada tem a ver com a humilhação, com a fraqueza e com um estilo de vida em que você está sempre se desculpando até mesmo por ocupar espaço. Humildade significa reconhecer o importantíssimo fato teológico de quem Deus é e de quem nós somos. É reconhecer nossa dependência. A humildade leva Paulo a encorajar seus leitores a não confiar na carne (Filipenses 3.4). A humildade não é uma barreira para a confiança nem um obstáculo. Em vez disso, a humildade é essencial para uma confiança apropriada.

A confiança nos números também funciona. Por muito tempo, nós sofremos, especialmente na Igreja ocidental, com a ideia cultural de um forte individualismo. A ideia do herói solitário é coisa de revista em quadrinhos e dos filmes, mas não é o que você encontra nas páginas do Novo Testamento. Repetidas vezes, a Escritura nos admoesta sobre nossa vida em comunidade. O "uns aos outros" da Bíblia nos lembra de quão mutuamente somos dependentes. Esses mandamentos nos lembram que o cuidado que temos uns pelos outros é um altíssimo privilégio e também uma obrigação sagrada. Nós precisamos interceder uns pelos outros em oração e em boas obras. Nós estamos nisso juntos e, no corpo de Cristo, na Igreja, temos confiança.

A confiança na oração não pode ser subestimada. O autor de Hebreus diz que podemos nos apresentar diante do trono de Deus com confiança (Hebreus 4.16). Ousadia. Quão fracas, frágeis e pequenas são as nossas orações! Há alguma oração mais ousada do que "Venha o teu reino; faça-se a tua vontade, assim na terra como no céu"? Podemos orar para que a vontade de Deus seja feita em nossas vidas, em nossas famílias e em nossas igrejas. Podemos orar para que a vontade de Deus seja feita em nossas comunidades e nações. E podemos orar com confiança porque todos os propósitos e planos de

Deus serão realizados. É provável que não oremos com o grau de *confiança* que deveríamos.

Mas, enquanto vivemos na terra e aguardamos pela completa realização da vontade de Deus, a qual está eternamente estabelecida no Céu, mantemos a esperança. Embora vejamos Cristo reinando como Rei agora, assentado no trono celestial à direita do Pai, esperamos pela completa manifestação e revelação de seu reino glorioso. O reino será glorioso. A luz pura do triúno Deus envergonhará o sol, as estrelas e até galáxias inteiras. Não haverá comparação. O Cordeiro que foi morto desde a fundação do mundo estará lá. O Cordeiro estará no centro, os reis da terra lhe trarão sua glória e nós reinaremos com ele eternamente. Será glorioso.

Jonathan Edwards falou dos remidos como finalmente "desentupidos" no Céu. O Pai derramou abundantemente seu amor sobre o Filho. Por amor, o Pai enviou seu Filho em nosso favor. O amor puro flui no interior da divindade triúna. Em Cristo, Deus derrama esse amor sobre nós. Então, passamos a amar a Deus e amamos uns aos outros. Contudo, agora amamos muito pouco. Nós estamos, nas palavras de Edwards, entupidos pelo pecado. No Céu, estaremos desentupidos. Como Edwards declarou: "O Céu é um mundo de amor".[33]

Então, nós temos esperança. Ansiamos pelo dia do cumprimento de todas as promessas de Deus. Mas agora vivemos no período intermediário. Vivemos entre a promessa e o cumprimento. Quatrocentos silenciosos anos se passaram entre o último oráculo de Deus através do profeta Malaquias e o

---

33 "Heaven Is a World of Love" em *The Works of Jonathan Edwards, Volume 8. Ethical Writings*, ed. Paul Ramsey (New Haven, Connecticut. Yale University Press, 1989) 366-97.

nascimento de Cristo. Simeão ia ao templo com regularidade. Todos os dias, ele saía de casa, caminhava até o templo, entrava e esperava. Ele acreditava que veria o Messias prometido. Quando ele era um idoso já à beira da morte, viu o recém-nascido da virgem Maria.

Nem toda esperança gera confiança. Algumas esperanças são frustradas, algumas são destruídas e outras simplesmente nunca se cumprem. Existe a falsa esperança, que conduz à falsa confiança, a qual, infelizmente, gera decepções e frustrações.

O século XX já foi chamado de século da decepção, embora tenha começado com muito otimismo. Havia muito progresso em todas as áreas até que houve a devastação da Primeira Guerra Mundial, o colapso econômico na Europa com a inflação nas alturas e o crash da bolsa de valores nos Estados Unidos. Depois aconteceu a Segunda Guerra Mundial. Além de Hitler e Mussolini, ditadores e assassinos em massa atormentaram outras partes do mundo. Foi o século dos genocídios. A promessa do comunismo conquistou muita gente e depois desmoronou.

Edith Wharton chamou seu romance, situado no final do século XIX, *A era da inocência*. Quando o século XX começou a aparecer no horizonte, o otimismo e a inocência persistiam. Depois vieram a década de 1910 e a Grande Guerra, as décadas de 1920 e 1930, e o colapso econômico, e depois mais uma década em que aconteceu mais uma guerra. A inocência foi destruída. O existencialismo e o niilismo — as principais escolas filosóficas da Europa durante a segunda metade do século XX — são testemunhas da morte do otimismo na primeira metade do século XX. Os filósofos dessas escolas pareciam profetas de destruição.

Em certo sentido, esses filósofos são profetas. Eles se encontravam na transição entre a modernidade — com sua firme e inabalável fé no progresso — e a pós-modernidade. A pós-modernidade foi definida e descrita de muitas maneiras. Talvez a melhor maneira de se compreender a pós-modernidade é enxergando-a como o término de tudo o que a modernidade representava e de tudo o que a modernidade defendia como verdadeiro. A modernidade acreditava que o progresso acontecia no conhecimento puro, por meio do método científico. Isso criou um conflito fundamental entre a religião e a fé: uma fissura que remonta ao pensamento de Immanuel Kant. Como dissemos no Capítulo 3, a questão do século XX foi a seguinte: Quem é nossa autoridade — a Bíblia ou a ciência? A modernidade depositou sua esperança na ciência.

A modernidade fomentou uma perspectiva quase messiânica das instituições. Os exemplos mais tristes e trágicos disso são os governos fascistas do século XX, as tentativas de implementar o socialismo e o comunismo, e as tentativas de promover um Estado grande. A modernidade depositou sua esperança nas instituições. Em sua essência, a modernidade depositou sua esperança no homem. Deus era continuamente empurrado para as margens, deixando espaço somente para a criação e para as criaturas. *Nossa esperança precisa estar em nós mesmos*, diziam as vozes da modernidade.

Contra todos esses "messias" da modernidade, a pós-modernidade responde com uma palavra: suspeita. O pós-moderno gosta de Elvis: "Não podemos continuar assim com mentes suspeitas". Então, a pós-modernidade enxerga as falhas e as rachaduras da modernidade. Contudo, o que é peculiar é que o *ethos* pós-moderno parece não se incomodar por não ter uma alternativa.

Na história das ideias, surgem novas ideias que desafiam as antigas. Novas ideias se apresentam como tendo respostas melhores. A pós-modernidade acredita que as respostas da modernidade estão erradas. Contudo, a pós-modernidade não insere novas ideias no lugar das antigas.

Eu errei. Na verdade, os pós-modernos não gostam de Elvis. Eles querem continuar com mentes suspeitas. A pós-modernidade já recebeu o apelido de filosofia do desespero. A decepção gera cinismo, que gera desilusão, que, por sua vez, gera desespero. Tudo isso deixa pouco espaço para a esperança.

A modernidade acabou caindo, mas não por causa da crítica ao pós-modernismo. Caiu porque sua visão de mundo era falsa. Caiu por seu próprio peso. A pós-modernidade também é insustentável e, se já não caiu, vai cair. Não porque vai surgir uma nova perspectiva para refutá-la, mas por um fato simples: a pós-modernidade é uma visão falsa do mundo. A pós-modernidade não tem coerência e acabará caindo.

O que tudo isso diz sobre o surgimento e o desaparecimento das ideias? Significa o seguinte, tanto para o século XX como para o século XXI: as cosmovisões predominantes não podem oferecer respostas verdadeiras. A modernidade diz: "Esperança no homem". Isso não funciona. A pós-modernidade diz: "Abandone a esperança". Isso também não funciona.

A humanidade não é capaz de viver sem esperança.

AS COISAS QUE SE ESPERAM

Remo Giazotto, músico e compositor, declarou que descobriu uma peça musical de Tomaso Albinoni, um compositor do século XVIII, nos escombros de Dresden, na Alemanha. É um adágio, o que significa que é um andamento musical lento. Adágio é uma notação musical que remete os músicos para um andamento musical lento. Consequentemente, os adágios são calmos e tranquilos. O Adágio de Albinoni também é lindo. Encontrar uma peça tão linda em meio a destroços é quase suficiente para restaurar a esperança, para restaurar a fé na humanidade. É suficiente para ter esperança em reconstruir, esperança para crer que os horrores da guerra não vão se repetir.

Mas essa é uma esperança falsa. A música é linda, mas simplesmente não há evidências de que tenha sido a descoberta de uma peça musical perdida. Nunca saberemos quais eram as intenções de Giazotto com essa história que ele contou. É provável que o próprio Giazotto tenha composto a peça. Há algo sobre o espírito humano que quer encontrar esperança, que, de alguma maneira, quer encontrar a esperança em meio aos escombros, mesmo que essa esperança tenha sido inventada.

A esperança na Escritura, a esperança que nos dá confiança, não é algo que precisamos inventar. A esperança bíblica é algo certo.

A "visão beatífica" em 1João 3.1-3 contém um exemplo da absoluta certeza de nossa esperança. João diz:

> Vede que grande amor nos tem concedido o Pai, a ponto de sermos chamados filhos de Deus; e, de fato, somos filhos de Deus. Por essa razão, o mundo não nos conhece, porquanto não o conheceu a ele mesmo. Amados, agora, somos filhos de Deus, e ainda não se manifestou o que haveremos de ser. Sabemos que, quando ele se manifestar, seremos semelhantes a ele, porque haveremos de vê-lo como ele é. E a si mesmo se purifica todo o que nele tem esta esperança, assim como ele é puro. (1João 3.1-3)

João começa com sua incapacidade de descrever o amor de Deus por seus filhos de maneira plena. João simplesmente nos convida a contemplar as profundezas do amor do Pai no fato de Deus ter enviado seu Filho. João nos convida a ver que, através de nossa união com Cristo, somos adotados na família de Deus. Somos seus filhos.

Aqui, João nos oferece uma perspectiva fascinante para o verbo *ser*. Aqui, nós vemos o que éramos, o que somos e o que seremos.

Nossa identidade passada, o que nós éramos, está implícita nesse texto. Não éramos filhos de Deus. Paulo diz que éramos "filhos da ira" (Efésios 2.2). Éramos alienados de Deus. É uma mentira terrível pensar que éramos neutros ou, pior, que nascemos bons. Agostinho se referia à humanidade como "a massa pecadora de Adão". Nós não éramos bons; não éramos nem mesmo neutros. Nascemos pecadores e, como pecadores, éramos uma abominação para o santo Deus. Não podíamos permanecer na presença de Deus nem por um bilionésimo de segundo. Imediatamente, o profeta Isaías caiu no chão quando teve seu encontro com Deus, que foi declarado três vezes santo. Isaías pensou que iria perecer, como se alguém tivesse simplesmente puxado um fio solto de uma tapeçaria e a coisa toda se desfiasse até virar uma pilha de fios. Como R. C. Sproul escreveu em sua obra clássica *A santidade de Deus*: "Perecer significa perder a compostura. O que Isaías estava expressando é o que os psicólogos modernos descrevem como a experiência de desintegração pessoal". Quando Isaías foi avaliado com base no padrão da santidade de Deus, ele "foi destruído, aniquilado moral e espiritualmente".[34]

---

34 R. C. Sproul, *A santidade de Deus*. São Paulo: Cultura Cristã, 1997, p. 38.

Precisamos começar por quem nós somos. Somente quando entendermos quem somos é que seremos capazes de apreciar completamente a obra da redenção que nos transformou e nos fez novas criaturas. Ele nos salvou no tempo em que éramos inimigos de Deus. Em nossa conversão a Cristo, temos consciência de nosso pecado. Sentimos as dores do convencimento do Espírito. Sabemos da necessidade que temos de um Salvador, a necessidade e a suficiência de Cristo para expiar por nosso pecado e para nos revestir com sua justiça. Mas sabemos muito pouco acerca da feiura de nosso pecado e de nossa completa indignidade. Sabemos muito pouco sobre a santidade de Deus. Como podemos apreciar completamente as palavras daqueles magníficos seres angelicais que estão em volta do trono no Céu clamando, "Santo, santo, santo é o Senhor dos exércitos"? Ao longo de nossa vida cristã, continuaremos a crescer em nossa compreensão da profundidade do nosso pecado e da grandeza da santidade.

A maturidade cristã inclui perceber cada vez mais quem nós realmente somos e apreciar cada vez mais quem nós somos agora. Nós chegamos bem longe. Na verdade, nós percorremos uma distância quase infinita entre sermos filhos da ira e sermos filhos de Deus.

Quem somos nós? Duas vezes em dois versos, 1João 3 diz que somos filhos de Deus. O amor de Deus é a única razão que encontramos aqui para que sejamos filhos de Deus. Existem dois textos em Deuteronômio que explicam que a soberana eleição de Deus não é por causa de nada que existe em nós. Aliás, Deuteronômio 7.6-8 enfatiza que Israel era a menor de todas as nações.

TEMPO DE CONFIANÇA

> Porque tu és povo santo ao Senhor, teu Deus; o Senhor, teu Deus, te escolheu, para que lhe fosses o seu povo próprio, de todos os povos que há sobre a terra. Não vos teve o Senhor afeição, nem vos escolheu porque fôsseis mais numerosos do que qualquer povo, pois éreis o menor de todos os povos, mas porque o Senhor vos amava e, para guardar o juramento que fizera a vossos pais, o Senhor vos tirou com mão poderosa e vos resgatou da casa da servidão, do poder de Faraó, rei do Egito. (Deuteronômio 7.6-8)

Quando os teólogos falam sobre eleição, dizem que é incondicional. Não há condição em nós que justifique a eleição de Deus ou que force a mão de Deus. É o contrário. Aqui há uma bela tautologia. Ele teve afeição por você porque ele ama você. Alguns capítulos depois em Deuteronômio, Deus é ainda mais enfático. Não são somente todas as nações que pertencem a Deus, desde as maiores e mais fortes até as menores e mais fracas, mas até os céus pertencem a Deus. Contudo, Deus escolheu Israel para ser seu povo. Então, Deuteronômio 10.14-15 diz:

> Eis que os céus e os céus dos céus são do Senhor, teu Deus, a terra e tudo o que nela há. Tão somente o Senhor se afeiçoou a teus pais para os amar; a vós outros, descendentes deles, escolheu de todos os povos, como hoje se vê. (Deuteronômio 10.14-15)

Um ano depois de Lutero postar suas 95 teses, apresentou teses diferentes na cidade de Heidelberg, à beira do rio Reno. O Capítulo de Heidelberg da Ordem Agostiniana, a ordem monástica de Lutero, convocou uma reunião de monges para ouvir e analisar seu desafio a Roma. Ele distinguiu marcantemente entre o que chamou de "teologia da glória" e "teologia da cruz". Teólogos da glória enfatizavam a glória humana, a habilidade humana. Teólogos da cruz iam na direção oposta. A cruz grita "Não!" para a habilidade humana. A cruz aponta para nossa incapacidade e para nosso estado depravado.

A tese 28 é uma das declarações mais perspicazes de Lutero: "O amor de Deus não encontra, mas cria aquilo que é agradável a ele".[35] Quão misterioso e maravilhoso é o amor de Deus! Nossa tendência é apoiar nosso time somente quando ele está indo bem e desprezá-lo quando vai mal. Queremos amar somente o que é amável e digno. O amor de Deus é o oposto. Quando éramos seus inimigos, ele nos amou em Cristo.

Nosso foco tem sido o amor de Deus. Também precisamos ver a Deus como nosso Pai e a nós mesmos como seus filhos. A doutrina da adoção é uma maneira linda de expressar essa verdade. A Confissão de Fé de Westminster ensina o seguinte sobre a doutrina da adoção:

> A todos os que são justificados, Deus concede, em seu único Filho Jesus Cristo e por ele, a participação da graça da adoção pela qual eles são recebidos no número dos filhos de Deus e gozam a liberdade e privilégios deles, têm sobre si o nome dele, recebem o Espírito de adoção, têm acesso com confiança ao trono da graça e são habilitados, a clamar 'Abba, Pai'; são tratados com compaixão, protegidos,

---

35 Martinho Lutero, "Theses for the Heidelberg Disputation, 1518" ["Teses para a Disputa de Heidelberg, 1518"] em *Martin Luther's Basic Theological Writings*, ed. Timothy F. Lull (Minneapolis. Fortress Press, 1989), 32.

providos e por ele corrigidos, como por um Pai; nunca, porém, abandonados, mas selados para o dia de redenção, e herdam as promessas, como herdeiros da eterna salvação.
(Confissão de Fé de Westminster)

A adoção não significa somente que somos filhos. Significa que somos herdeiros. Tudo o que Cristo assegurou é nosso. Deus é nosso Pai. Então, nós temos confiança em nossa atual identidade, confiança em quem nós somos. Temos uma confiança firme e permanente de que somos filhos de Deus.

Nós também temos confiança na esperança de quem seremos. Novamente, João diz: "Sabemos que, quando ele se manifestar, seremos semelhantes a ele, porque haveremos de vê-lo como ele é".

Seremos semelhantes a ele. Paulo ensina que estamos sendo transformados, de glória em glória (2Coríntios 3.12-18). Estamos sendo moldados à imagem de Cristo. Quando amadurecemos espiritualmente, experimentamos uma transformação, uma renovação. Algum dia, seremos transfigurados; seremos glorificados. Nossa transformação estará completa. Como já mencionamos, Jonathan Edwards diria que, algum dia, seremos desentupidos. Conheceremos completamente; amaremos completamente. Nossa posição de justos diante de Deus, conquistada por nós pela perfeita obediência de Cristo, não será somente nosso status, mas também uma realidade. Todos os pecados que ainda permanecem em nós fugirão como as sombras fogem da luz. Nossos corpos frágeis e debilitados, o que Paulo chama de "tabernáculo terrestre", darão lugar aos nossos corpos glorificados (2Coríntios 5.1). Todas as nossas lágrimas serão enxugadas. E, como se já não bastasse que fôssemos chamados por João de filhos de Deus, ele agora diz que, em Cristo e por meio dele, isso é o que nos espera. É assim que seremos.

Algum dia, seremos semelhantes a ele. Essa é a visão beatífica. Essa é a esperança. Essa é a felicidade — a felicidade pura — que Agostinho menciona nas últimas páginas da *Cidade de Deus*. Esse é o mundo de amor sobre o qual Jonathan Edwards falou. Quando formos libertos de todas as coisas que desencorajam e prejudicam o culto puro, finalmente seremos plenamente o que Deus pretendeu que fôssemos. Nossa esperança está naquilo que seremos — e essa é a nossa confiança.

Em 1João 3.1-3, João usa o verbo *ser* de quatro maneiras distintas para descrever nossa identidade. Ele fala de quem nós éramos, de quem nós somos e de quem haveremos de ser. Além disso, ele fala de quem estamos nos tornando.

João diz nove palavras significativas: *Ainda não se manifestou o que haveremos de ser*.

Essas palavras deveriam ser escritas em nossas testas. Ainda não somos o que haveremos de ser, e todos os crentes que nos cercam também não são o que haverão de ser. Esse entendimento pode ser muito útil para quando surgirem pequenos desentendimentos entre nós, para quando surgirem desentendimentos em nossas igrejas e em nossas famílias. É o que os pais precisam dizer para si mesmos sempre que olham para seus filhos. *Ainda não se manifestou o que eles haverão de ser*. É o que os professores precisam dizer a si mesmos em relação aos seus alunos. É o que os pastores precisam lembrar em relação aos membros da congregação. É o que nos ajuda a adquirir aquela preciosa mercadoria que é tão necessária, mas tão rara: a paciência uns com os outros.

TEMPO DE CONFIANÇA

Lembrarmo-nos de que "ainda não se manifestou o que haveremos de ser" pode ser uma grande fonte de consolação e segurança. Essa frase nos ajuda a ter paciência com nós mesmos.

Os Cânones de Dort, um dos mais gratificantes textos da Reforma, foi redigido na década de 1610. Nessa década, houve uma controvérsia entre os calvinistas e Jacó Armínio que deu início ao arminianismo na Holanda. Os seguidores de Armínio elaboraram um documento chamado Remonstrância, que continha cinco artigos ou tópicos doutrinários. Esses cinco artigos continham intensas objeções contra os ensinamentos de João Calvino sobre as doutrinas da graça. Essa controvérsia criou a oportunidade para que fosse redigido um resumo dos ensinamentos de Calvino e para responder aos críticos. O documento que foi escrito para refutar a Remonstrância é conhecido como os Cânones de Dort. Cânones são decisões eclesiásticas, e Dort, ou Dordt, é a forma abreviada de Dordtrecht, a cidade da Holanda que promoveu o Sínodo da Igreja Reformada Holandesa para tratar do assunto.

Séculos mais tarde, os Cânones de Dort, que eram compostos por cinco artigos e rejeições que respondiam aos artigos da Remonstrância, foram resumidos em um acróstico de cinco letras: TULIP. A letra *T* refere-se à depravação total (em inglês, *total depravity*), a letra *U* refere-se à eleição incondicional (em inglês, *unconditional election*), a letra *L* refere-se à expiação limitada (em inglês, *limited atonement*), a letra *I* refere-se à graça irresistível (em inglês, *irresistible grace*) e a letra *P* refere-se à perseverança dos santos (em inglês, *preservation of the saints*).

Em minha experiência, há muitas pessoas que conhecem a TULIP, mas poucas que já leram a Remonstrância ou os Cânones de Dort. Isso é lastimável. Há um importante trecho no segundo artigo dos Cânones de Dort. A ordem dos pontos, na verdade, é ULTIP, não TULIP, mas ULTIP não é uma palavra. Contudo, sobre o controverso ponto L, o segundo artigo de Dort afirma:

> Pois este foi o soberano conselho de Deus, o Pai, que a eficácia salvadora e vivificante da preciosíssima morte do seu Filho se estendesse a todos os eleitos. Foi da sua graciosíssima vontade e intento conceder a fé justificadora apenas a eles e assim trazer-lhes infalivelmente a salvação. Isto é, quis Deus que Cristo pelo sangue da cruz (pelo qual ele confirmou a nova aliança) redimisse eficazmente de todo povo, tribo, nação e língua todos aqueles — e somente aqueles — que desde a eternidade foram eleitos para a salvação e lhe foram dados pelo Pai. Ainda quis Deus que Cristo lhes desse a fé, a qual, juntamente com outros dons salvadores do Espírito Santo, ele lhes adquiriu pela sua morte, para que pelo seu sangue pudesse purificá-los de todos os seus pecados — tanto do pecado original como dos pecados reais cometidos antes e depois da fé — e para guardá-los fielmente até o fim e finalmente os apresentar a si mesmo em glória sem nenhuma mácula ou ruga.

Essa rica declaração não fala simplesmente de nossa conversão, mas olha diretamente para nossa glorificação. Nós vestimos as vestes da justiça de Cristo desde o momento da salvação. Contudo, nesta vida, nós amassamos nossas vestes por meio de nossos pecados e imperfeições. Como uma pequena mancha de molho de tomate em uma camisa branca em um restaurante italiano, nós manchamos as nossas vestes. Um dia, usaremos vestimentas puras — sem nenhuma mácula ou defeito.

Se pularmos para o último capítulo de Dort, para a letra *P* de perseverança dos santos, encontraremos o seguinte:

> Esta certeza de perseverança, longe de tornar os crentes verdadeiros em orgulhosos e acomodados, é antes a verdadeira raiz da humildade, da reverência filial, da piedade genuína, da resistência em todo combate, das orações fervorosas, da perseverança no sofrimento e na confissão da verdade, e da duradoura alegria em Deus. Além disso, a reflexão sobre esses benefícios é para eles um incentivo à séria e constante prática da gratidão e das boas obras, como evidencia o testemunho da Escritura e os exemplos dos santos.

A certeza de nossa perseverança serve para nos fortificar agora. Nós podemos permanecer firmes e suportar todos os tipos de dificuldades porque sabemos como a história terminará e porque haverá um fim para a história. Ocasionalmente, faço aulas na academia. Há uma que é especialmente brutal. Começa às 10h e termina às 11h. Enquanto estou na aula, só tenho uma esperança: que o relógio marque logo 11h. Segundo as profundas palavras de Dort, "a reflexão sobre esse benefício", ou seja, de que, quando o relógio marcar 11h, vou poder ir para casa, "é um incentivo". Nós precisamos de incentivo.

Cristo suportou a cruz em troca da alegria que lhe estava proposta (Hebreus 12.2). A alegria nos espera. Sim, nós podemos suportar. Sim, é possível. Nós temos um incentivo.

Somos filhos de Deus. Seremos puros e sem máculas. Enquanto isso, ainda não se manifestou o que haveremos de ser. Estamos no processo dessa manifestação porque estamos no processo de "vir a ser". Mas o processo ainda não acabou.

Ainda não se manifestou o que haveremos de ser. De modo algum isso torna-se uma desculpa para fazer vista grossa para o pecado em nós mesmos ou em outras pessoas. Contudo, é um aviso de que ainda não somos quem haveremos de ser.

Essas palavras também nos lembram que estamos no processo de nos tornar mais semelhantes a Cristo, ou pelo menos deveríamos estar. Ainda não se manifestou o que haveremos de ser, mas estamos a caminho. Isso também nos enche de esperança e confiança.

John Newton era um traficante de escravos com uma boca que fazia até seus colegas de navio corar de vergonha. Um dia, ele foi convertido a Cristo. Não é surpreendente que ele tenha nos dado esse belo hino: "Maravilhosa Graça". Certa vez, ele disse algo que, poeticamente, resume tudo o que 1João 1.1-3 ensina sobre nossa identidade: "Eu não sou o que devia ser. Eu não sou o que quero ser. Eu não sou o que espero ser em outro mundo. Contudo, não sou o que eu costumava ser. E, pela graça de Deus, eu sou o que sou".

Esses três versículos de 1João 3 são como um diamante multifacetado que continua a impressionar enquanto o contemplamos e refletimos sobre ele em nossas mentes. João quer que tenhamos esperança. Uma esperança para o futuro, mas também uma esperança que tem tudo a ver com o presente. É o que vemos quando perguntamos: O que essa esperança faz?

Essa esperança não nos envia para definhar de tristeza por causa do mundo porvir. Não nos envia, como Jerônimo, para uma caverna. A última vez que mencionamos Jerônimo, no Capítulo 1, ele estava escondido em uma caverna esperando o fim do mundo. O tipo de esperança que João menciona aqui não nos leva a ficar esperando em uma caverna. Em vez disso, essa esperança nos manda de volta para o mundo. O que João diz aqui, a aplicação da visão beatífica, é que a esperança tem tudo a ver com a maneira que vivemos no mundo, pois "a si mesmo se purifica todo o que nele tem esta esperança, assim como Deus é puro" (v. 3).

O chamado de João à pureza era impressionantemente contracultural. Daria no mesmo se ele estivesse chamando seu público para a apologética. No primeiro século, Roma não era conhecida por sua pureza. João provavelmente escreveu suas epístolas no final da década de 80 d.C. Em 79 d.C., um vulcão destruiu Pompeia. O que foi preservado daquele lugar evidencia a devassidão da cidade. Nós vemos uma decadência parecida em nossos próprios dias. Um grupo de homens foi preso em Atlantic City na década de 1930 por aparecer na praia sem camisa. Em 1937, as autoridades responsáveis pela praia suspenderam essa exigência de camisas para homens. Embora não devamos nutrir uma visão nostálgica do passado, também não podemos deixar de perceber que os padrões morais parecem estar sempre em queda livre.

A Palavra de Deus ordena que sejamos puros, e que essa pureza não deve ser medida com base em um padrão mutável. O padrão de pureza é o próprio Deus. Pedro diz para sermos santos porque Deus é santo. João diz para sermos puros como Deus é puro. O padrão que eles usam coloca um ponto-final em qualquer flerte com o relativismo moral. Não podemos lamentar o declínio de nosso tempo e depois, sutilmente, tornar-nos também conspiradores. Precisamos ser puros. Era especialmente importante que isso fosse dito para o público de João por causa da cultura de sua época. Também é especialmente importante para nós, por causa do declínio cultural de nossa época. Embora alguns discordassem dele e de alguns argumentos específicos de seu livro, talvez o título do livro de Robert Bork de 1993 seja ainda mais verdadeiro em nossos dias: *A caminho de Gomorra*.

Em meio a esse declínio cultural e moral, precisamos nos perguntar, com um coração humilde e contrito, se não estamos sendo descuidados em nossa obediência ao mandamento de João de ser puro. Sucumbimos à confusão cultural. Em uma época em que não há nada definido e em um lugar em que nenhum princípio parece governar as decisões e os julgamentos morais, precisamos tomar cuidado para não sucumbirmos aos poucos, para não começarmos a nos curvar centímetro por centímetro.

Essa autoanálise e essa autoconsciência nos impedem de ter uma postura de autojustiça e de superioridade moral. Além disso, ajuda-nos a refletir sobre nossa postura apologética como um povo puro. Simplesmente ser um povo puro neste mundo seria um poderoso testemunho em prol do poder do evangelho.

Por que João enfatiza a pureza? João poderia facilmente ter dito: "Todo o que nele tem esta esperança está cheio de esperança". Ser uma pessoa alegre é profundamente apologético. Certa vez, ouvi o relatório de um missionário sobre seu trabalho com um pequeno grupo de pessoas na África. Aqueles que se convertiam e eram cristãos eram conhecidos como o "povo que canta". Quando alguém que faz parte do grupo quer expressar sua confissão sobre Cristo, não diz: "Quero me tornar um cristão"; diz: "Quero cantar". Em meio a um povo que sofreu atrocidades terríveis, décadas de conflitos e condições de pobreza extrema, os cristãos cantam porque são alegres em Cristo. Os cristãos se destacam, e as pessoas ao redor querem saber qual é a razão da esperança que há neles (1Pedro 3.15).

E se fôssemos um povo puro? E se nossa pureza criasse nas pessoas o desejo de saber qual é a razão da esperança que há em nós? João sabia exatamente o que estava tentando nos dizer quando disse que a si mesmo purifica todo aquele que nele tem essa esperança. Neste momento, a ideia de viver como um povo de pureza é apologeticamente muito poderosa.

Estamos vivendo em esperança e pureza, não em um vácuo ou em um ambiente hermeticamente fechado. Nós vivemos neste mundo. Quando Dietrich Bonhoeffer estava em uma cela de 2m x 3m na Alemanha nazista, disse: "A diferença entre a esperança cristã na ressurreição e a esperança mitológica é que a primeira manda o homem de volta para sua vida na terra de uma maneira completamente nova".[36] A esperança da mitologia não era a esperança genuína; era escapismo. Era sobre conseguir fugir. Por outro lado, a esperança cristã nos manda de volta. Mas nós somos enviados de volta para o mundo de uma maneira completamente nova e somos comissionados a viver de uma maneira completamente nova. Somos enviados para viver de maneira santa e pura.

Não escolhemos o mundo em que vivemos. Não escolhemos a época em que vivemos. Mas, no lugar e na época em que vivemos, somos chamados a ser discípulos fiéis.

---

36 Dietrich Bonhoeffer & Eberhard Bethge, 27 jun. 1944, em *Letters and Papers from Prison*, ed. Eberhard Bethge (New York. Touchstone, 1997), 366-67.

Vivemos em um tempo em que o chão debaixo de nossos pés está em movimento. Isso não nos livra da responsabilidade de ter de lidar com o mundo. É possível que, em breve, tenhamos de enfrentar um período de hostilidade. Isso também não nos livra da responsabilidade. Poderíamos até reclamar de quanto é difícil viver em conformidade com a ética cristã no século XXI. Mas reclamar não nos livra de nossas obrigações. Podemos ir direto aos temas recorrentes das Epístolas do Novo Testamento, especialmente os últimas. Cristo resistiu. Olhe para Cristo. Você pode resistir.

Certa vez, enquanto Bonhoeffer estava na cela da prisão nazista, disse: "Não podemos prematuramente dar este mundo como perdido". Se nossa confiança está na esperança, não é escapismo. Não é desilusão. Também não é ingenuidade.

Precisamos viver como cristãos neste mundo e neste momento. Não podemos nos sentir nostálgicos em relação a uma época que já passou e que queríamos que ainda estivesse presente. Vivemos no momento em que Deus nos colocou. Os primeiros séculos da Igreja testemunharam os dois lados do contexto cultural. A Igreja primitiva antes de Constantino existiu em um tempo de hostilidade e perseguição. Depois de Constantino, a Igreja primitiva experimentou um período de privilégio. Cada período teve desafios e privilégios únicos para os cristãos que buscavam viver como discípulos fiéis. Paulo aprendeu a ter contentamento tanto nos momentos de necessidade como nos momentos de abundância (Filipenses 4.10-13).

O mesmo vale para a situação em que nos encontramos. Seja em um ambiente hostil ou em um ambiente privilegiado e amigável, ainda temos a obrigação de ser discípulos fiéis. É possível que estejamos deixando as águas familiares e tranquilas de um ambiente amigável e talvez estejamos prestes a entrar em um território hostil. Nós vamos lidar com o mundo como discípulos fiéis ou simplesmente desistir do mundo? Ou pior, vamos recuar e nos esconder? Há o perigo de o sal perder o sabor e o perigo de a candeia ser colocada debaixo do alqueire.

CRIATIVAMENTE DESAJUSTADO

No final de um sermão baseado em Romanos 12.1-2, Martin Luther King Jr. usou a expressão "criativamente desajustado". Ele usou exemplos bíblicos para explicar o que queria dizer com essa frase. Sadraque, Mesaque e Abede-Nego eram pessoas criativamente desajustadas. King nos informa que as pessoas desajustadas sofrem. Elas são marginalizadas e perseguidas. Porque as pessoas criativamente desajustadas estão fora dos padrões convencionais e porque desafiam o *status quo* e os padrões convencionais reagem perseguindo e oprimindo os desajustados. King diz: "O cristianismo sempre insistiu em que a cruz que carregamos precede a coroa que usaremos. Para ser cristão, é necessário carregar sua cruz com todas as dificuldades e tragédias, até que essa cruz imprima sua marca em nós".[37]

Há uma frase em 1João 1.1-3 que eu deixei de fora em nossa discussão. Em 3.1b, João escreve: "Por essa razão, o mundo não nos conhece, porquanto não o conheceu a ele mesmo". Cristo veio ao mundo e o mundo o rejeitou. Bonhoeffer comenta que o mundo expulsou Cristo para a cruz. João está nos dando algo extremamente útil para nosso momento. Evidentemente, o mundo no tempo de Cristo sabia quem ele era

---

[37] Martin Luther King Jr., "Transformed Nonconformist" ["Não Conformistas Transformados"] in *American Sermons. The Pilgrims to Martin Luther King, Jr.* (New York. The Library of America, 1999), 848.

e sabe até hoje. O que João quer dizer com "eles não o conheceram" é que o mundo não o conheceu como Cristo e Senhor; eles não tiveram um relacionamento com ele. O mundo não o aceitou. Eles o consideraram um marginal.

O mundo também não conhece os cristãos. O mundo não aceita os cristãos, mas nos rejeitam e nos consideram marginais. Agora sabemos por que João enfatiza a esperança para nos encorajar. Agora sabemos por que João nos exorta a sermos puros. Agora sabemos por que João diz para descansarmos em nossa identidade como filhos de Deus. Somos transformados.

Romanos 12 fala de dois caminhos: conformar-se ou arrepender-se. O primeiro parece uma estrada fácil, uma estrada com muito movimento. O mundo conhece aqueles que se conformam. Eles aplaudem e celebram aqueles que se conformam. O outro caminho não é fácil e, consequentemente, não há muito movimento nele. Mas aqueles que pegam a estrada com menos movimento estão em boa companhia. A estrada do arrependimento pode ser solitária — ela se tornará solitária nas próximas décadas. Contudo, há alguém nessa estrada que é aquele que faz toda a diferença. Nós somos discípulos de Cristo. Nós seguimos nosso Mestre. João estava nos alertando e nos consolando quando disse: "Por essa razão, o mundo não nos conhece, porquanto não o conheceu a ele mesmo".

King encerra seu sermão fazendo uma série de perguntas cruciais ao seu público.

> Nós continuaremos a marchar ao ritmo dos tambores da conformidade e da respeitabilidade ou daremos ouvidos a uma batida mais distante? Seremos movidos pelo eco de seu som? Nós continuaremos a marchar conforme o ritmo

de nossa época ou enfrentaremos o risco de sermos criticados e de sofrermos abusos por marcharmos ao ritmo da música da eternidade que salva a alma? Mais do que nunca, as palavras do passado nos desafiam hoje: "Não vos conformeis com este século, mas transformai-vos pela renovação da vossa mente".[38]

Haverá pressão para que nos conformemos à cultura. Nós seremos criativamente desajustados e, pela renovação da nossa mente, viveremos uma vida transformada? Uma vida transformada se posiciona a favor da pureza em um mundo de decadência cultural. Uma vida transformada conhece a alegria nos tempos de provação. Uma vida transformada tem esperança, mesmo diante da crítica. Uma vida transformada leva a Bíblia radicalmente a sério em um mundo que se opõe e rejeita uma voz antiga.

King é muito útil ao nos chamar para sermos criativamente desajustados, e não simplesmente desajustados. Em seu livro *The Conviction to Lead* [A Convicção para Liderar], Al Mohler declara: "Liderar com convicção é desempenhar o papel de professor com energia, determinação e ânimo. O que poderia ser melhor do que ver as pessoas recebendo e aceitando as crenças certas, ver a consolidação dessas crenças e verdades e depois ver a organização começando a agir com base nessas crenças?". Depois ele fala sobre a necessidade urgente de líderes, líderes que "não se satisfazem até que cada indivíduo entenda, aceite e traga outras pessoas para a missão."[39] Isso exigirá alguma criatividade de nossa parte.

---

38 Ibid., 848.
39 R. Albert Mohler Jr., *The Conviction to Lead. 25 Principles for Leadership that Matters* (Minneapolis. Bethany House, 2012), 73.

Isso não é recuar. Isso não é cinismo. Isso não é escapismo. Isso é reconhecer o território, além de ser uma profunda percepção de um chamado muito urgente para proclamar o evangelho. É um chamado para ser um povo confiante e um povo de convicção perante o mundo.

UM TEMPO DE CONVICÇÃO

Um dia, seremos como ele. Essa é nossa esperança. Mas não é uma esperança que colocamos na prateleira e não é uma esperança que nos envia para uma caverna. É uma esperança que nos envia para o mundo com confiança. Nós podemos confiar em Deus, em sua Palavra, em Cristo, no evangelho e na esperança.

Na década de 90 d.C., Domiciano era o imperador de Roma. Sua crueldade equiparava-se à de Nero. Ele insistia em ser adorado como um deus. Os cristãos, é claro, não podiam participar dos ritos desse culto ao imperador. Isso os deixava vulneráveis, e essa vulnerabilidade levou à perseguição. É provável que o exílio de João na ilha de Patmos tenha sido resultado direto dos éditos de Domiciano. João não aceitou se curvar.

Muitos estudiosos acreditam que João escreveu o Apocalipse nessa época. Na mesma época, um personagem da Igreja primitiva chamado Clemente, que servia como bispo em Roma, enviou uma carta para a igreja em Corinto. Clemente inicia a carta falando sobre "as desgraças e calamidades que repentina e continuamente se abateram sobre nós". A perseguição avançou contra a Igreja como implacáveis ondas do mar. Clemente escreveu para consolá-los e para exortá-los a permanecer firmes. Quase no final da carta, ele simplesmente lembra os crentes de Corinto que Cristo é nosso líder e nós somos seus soldados.

TEMPO DE CONFIANÇA

O édito de Domiciano e a perseguição que se seguiu serviram para que uma pergunta urgente fosse feita à Igreja. Essa pergunta existiu desde o princípio. Essa pergunta existiu nos eventos relacionados à encarnação durante o reino de Herodes. Existiu quando o soldado desembainhou sua espada no jardim de Getsêmani e existiu ao longo de todo o doloroso e agonizante caminho da cruz. A pergunta nunca deixou de existir nas primeiras décadas da Igreja ou mesmo nos primeiros séculos da Igreja. A pergunta era a seguinte: César ou Cristo?

O édito de Domiciano tornou a pergunta palpável e até mesmo visceral. Em dias determinados, as festas eram realizadas e toda a população tinha de passar diante da imagem de Domiciano e se curvar diante dele como um deus. Era muito claro: César ou Cristo?

A verdade é que essa pergunta sempre se faz presente. Está sempre diante de nós e da Igreja de todos os séculos do passado. A pergunta está diante de nós em nossa época agora e estará diante da Igreja nos séculos vindouros. Quem é o Senhor? Quando os apóstolos e os crentes nas páginas do Novo Testamento responderam que Cristo é o Senhor, enquanto César não é, houve consequências. Mas eles não permitiram que as consequências temporais ofuscassem as consequências eternas. O autor de Hebreus lembra aos crentes que eles sustentavam "grande luta e sofrimentos; ora expostos como em espetáculo, tanto de opróbrio quanto de tribulações, ora tornando-vos coparticipantes com aqueles que desse modo foram tratados" (Hebreus 10.32-33).

Depois, ele declara, em 10.35: "Não abandoneis, portanto, a vossa confiança; ela tem grande galardão".

Quando a pergunta é feita a nós, Cristo ou César, que estejamos entre aqueles que não recuam! Que venhamos a nos posicionar com a Igreja do primeiro século e com a Igreja ao longo dos séculos. Não abandonemos nossa confiança.

Essa perspectiva singular do senhorio de Cristo é a fonte da confiança da Igreja. Essa também é a fonte das convicções da Igreja. Chris Larson, meu colega no Ministério Ligonier, recentemente fez a seguinte declaração. "O futuro pertence aos cristãos de convicção".

Esse é o tempo da convicção. Esse é o tempo de confiança.

SOBRE O AUTOR

O **Dr. Stephen J. Nichols** é o presidente da Reformation Bible College [Faculdade Bíblica da Reforma] em Sanford, Flórida, e diretor acadêmico do Ministério Ligonier. Ele recebeu seu Ph.D. pelo Westminster Theological Seminary e seus mestrados pela West Chester University na Pensilvânia e pelo Westminster Theological Seminary.

O Dr. Nichols é um escritor prolífico e já escreveu, contribuiu ou editou mais de vinte livros sobre história da Igreja, doutrinas bíblicas e teologia prática. Seus livros incluem *For Us and for Our Salvation* [Por Nós e Para Nossa Salvação], *Jesus Made in America* [O Jesus Criado na América], *Martin Luther: A Guided Tour of His Life and Thought* [Martinho Lutero. Um Tour Guiado de Sua Vida e Pensamento], *Heaven on Earth. Capturing Jonathan Edwards's Vision of Living in Between* [Céu na Terra. Capturando a Visão de Jonathan Edwards sobre a Vida Transitória], *The Reformation, and Peace* [A Reforma e a Paz]. Ele também é coeditor da série *Theologians on the Christian Life* [Teólogos sobre a Vida Cristã] da Crossway e é o apresentador do podcast 5 Minutos na História da Igreja.

O Dr. Nichols e sua esposa, Heidi, têm três filhos. Eles moram em Sanford.

Seu Reino é Inabalável

Como membros de uma sociedade que está rapidamente abandonando seu passado cristão, os seguidores de Cristo frequentemente sentem-se desorientados e até mesmo assustados. Quando líderes humanos e ativistas políticos nos decepcionam, as dúvidas surgem e somos tentados a abrir mão de nossas convicções.

Neste livro, o Dr. Stephen J. Nichols aponta para o Deus Todo-Poderoso como a fonte e o fundamento de nossa confiança. Ainda que o mundo inteiro estremeça, seu reino é inabalável. Este é um tempo para a confiança.

Este não é um tempo para recuar, render-se ou desistir. É um tempo para ter confiança, e nossa confiança precisa estar em Deus. Todo o resto decepcionará.

EBOOK GRÁTIS

Em *10 Acusações Contra a Igreja Moderna*, Paul Washer chama a igreja e os pastores ao padrão Bíblico de doutrina e vida. Alguns disseram que tal pregação figura as 95 teses de nossa era. Isso somente o tempo dirá, contudo é certo que cada ponto dessa mensagem deve ser martelado na mente e no coração de cada pessoa que deseja ver uma reforma na chamada 'igreja moderna'.
- Vinícius Musselman Pimentel.

Baixe agora o e-book grátis!
Acesse o site: **www.ministeriofiel.com.br/cartaovip**
e utilize o código: **KCH83BPT**

FIEL MINISTÉRIO

O Ministério Fiel visa apoiar a igreja de Deus, fornecendo conteúdo fiel às Escrituras através de conferências, cursos teológicos, literatura, ministério Adote um Pastor e conteúdo online gratuito.

Disponibilizamos em nosso site centenas de recursos, como vídeos de pregações e conferências, artigos, e-books, audiolivros, blog e muito mais. Lá também é possível assinar nosso informativo e se tornar parte da comunidade Fiel, recebendo acesso a esses e outros materiais, além de promoções exclusivas.

Visite nosso site

www.ministeriofiel.com.br

LEIA TAMBÉM

STEPHEN J. NICHOLS

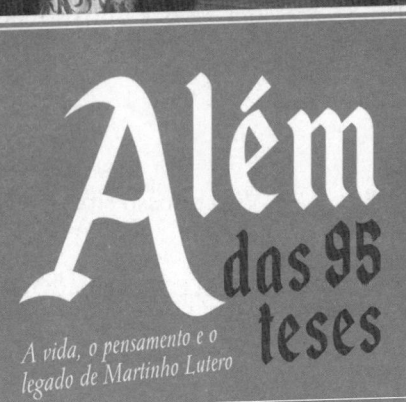

Além das 95 teses

A vida, o pensamento e o legado de Martinho Lutero

LEIA TAMBÉM

O LEGADO DE LUTERO

R. C. Sproul & Stephen J. Nichols
ORGANIZADORES